学徒制译丛

美国21世纪学徒制

——培养一流劳动力的奥秘

[美]杰弗里·A.康托（Jeffrey A. Cantor）著
孙玉直 译

北京市职业能力建设指导中心　组织翻译

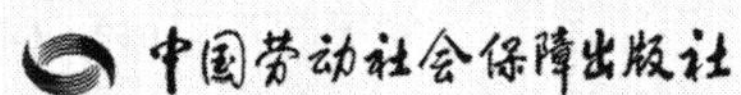

图书在版编目(CIP)数据

美国21世纪学徒制/(美) 杰弗里·A. 康托 (Jeffrey A. Cantor) 著; 孙玉直译. —北京: 中国劳动社会保障出版社, 2016

ISBN 978-7-5167-2615-0

Ⅰ.①美… Ⅱ.①杰…②孙… Ⅲ.①职业教育-学徒-教育制度-研究-美国-21世纪 Ⅳ.①G719.712.2

中国版本图书馆CIP数据核字(2016)第144245号

北京市版权局著作权合同登记号 01-2016-3062

中国劳动社会保障出版社出版发行

(北京市惠新东街1号 邮政编码: 100029)

*

北京市艺辉印刷有限公司印刷装订 新华书店经销

880毫米×1230毫米 32开本 7.875印张 134千字

2016年7月第1版 2016年7月第1次印刷

定价: 24.00元

读者服务部电话: (010) 64929211/64921644/84626437

营销部电话: (010) 64961894

出版社网址: http://www.class.com.cn

“学徒制译丛”总序

国家发展靠人才，民族振兴靠人才。技能人才是我国人才队伍的重要组成部分。习近平总书记曾多次强调，“工业强国都是技师技工的大国，我们要有很强的技术工人队伍”，“作为一个制造业大国，我们的人才基础应该是技工”，要求“大力培育支撑中国制造、中国创造的高技能人才队伍”。

学徒制在我国历史悠久，师傅带徒弟的工匠技术传承方式一直是我国技术工人培养的主要制度，在新中国建设中也发挥了重要作用。到20世纪90年代，技工院校等职业院校开始大规模培养后备技术工人。经过长期实践，技能人才队伍建设工作取得长足发展，但也存在一些问题，在培养数量和质量上，还不能满足企业的个性化需要。通过改革创新，赋予传统学徒制新的生机和活力，是摆在我们面前急需解决的课题。

为加强技能人才队伍建设，推进企业职工培训工作，创新技能人才培养模式，2015年8月，人力资源社会保障部办公厅、财政部办公厅联合印发了《关于开展企业新型学徒制试点工作的通知》，在北京市等十余个省（区、市）开展企业新型学徒制试点工作。企业新型学徒制旨在引导企业建立技能人才工作新机制，通过在企业推行以“招工即招生、入企即入校、企校双师联合培养”为主要内容的企业新型学徒制，组织企业新招用人员和新转岗人员参加新型学徒培训，建立长期、稳固的企校合作模式，探索企业职工培训新方式，完善培训政策措施和培训服务体系，加快企业青年技能人才的培养。

企业是技能人才的使用主体，也是培养主体。在企业新型学徒制的试点推进中，如何更好地发挥其作用，促进技能人才的快速成长，解决好制度中的风险承担、学徒的劳动权利保护、学徒的用工管理、学徒制的师生关系建构以及学徒的来源等；如何健全和完善以企业行业为主体、技工院校为基础、学校教育与企业培养紧密联系、政府推动与社会支持相互结合的技能人才培养体系等，都需要我们深入研究探索。

在这方面，早于我国实现工业化的欧美发达国家进行了一系列探索，取得了一些成功经验。《美国21世纪学徒制》和《欧洲现代学徒制》就是从企业、雇主、社区学院、技术标准和行业资质等角度阐述了美国和欧洲各成员国在学徒制实施方面的先进做法和取得的成功经验，以及未来继续实行学徒制的建议。这两本译著的适时引进和出版，不但对我国推行企业新型学徒制过程中面临的一系列问题具有一定的实践借鉴意义，而且可以让更多职工教育与职业培训的研究者和从业人员等学习和分享美国和欧洲职业教育与培训的理念，并对制定我国职业培训政策具有较大的参考价值。

人力资源和社会保障部职业能力建设司司长

张立新

2016年6月30日

前　言

美国经济的健康发展依赖于受过良好教育和培训的劳动者。自开展全面质量管理（TQM）行动以来，由于技能人才的短缺，已给工商业带来了巨大的挑战。本书将探讨美国劳动力培训的相关问题。为什么我们需要探讨这些问题呢？在最近的一项调查中，约 1/3 的雇主表示，他们找不到自己所需要的技术工人。在本书的撰写期间，美国约有 1 700 万人找不到工作，处于失业状态，或者只能做些零工。出现这一窘境的原因之一是这些工人与企业的需求不相匹配。

本书的目的在于激发美国劳动力教育领导阶层的兴趣，将注册学徒制视作一种积极的劳动力教育和培训方式，不断增强由雇主发起、实施并与社区学院合作开展学徒培训的理念。

什么是注册学徒制？注册学徒制是由雇主正式发起并实施培训的过程。这本书里所提到的学徒制是指美国劳工部（Department of Labor）的注册学徒制计划——将有潜力的人员作为学徒与合作企业在需要某种特定技能的领域、岗位或者职业中开展正式的基于工作过程的培训衔接。学徒是公司的雇员，他们在某一特定的领域或者岗位进行学习和掌握工作技能的同时，也从事真正的、富有成效的工作。我们这样描述这一过程：“在各方支持下，在职业领域中成长为被大家认可的个体的历程。”[1]

我们为什么要以一个全新的视野来重新认识美国的学徒制呢？一个强大的国家应当有受过良好教育的公民来发展和支撑自己的商业、经济、文化和生活方式。我的理念是，美国学徒制的新政策应创建高度发达的体系来提供具有竞争力的劳动力，我们必须重新认识由企业和雇主合作参与的学徒制职业教育的价值。美国排行前100位的大型公司的多位执行总裁认为，企业必须不断开发新的劳动力。

通常，美国人认为，我们拥有强大的教育体系，但是依然有很多人认为，现有的职业技术教育存在着不足和缺点，需要进行改革以呈现全新的面貌——这也表明，通过支持学徒制，社区学院里专门培养劳动力的教育工作者能为这个社会带来改变。

学徒制将为美国企业带来非常好的前景。学徒制是培训的最理想方式，适用超过48%的中等技能的工作和高技术岗位，这些岗位与工作将在21世纪持续几十年之久。美国的企业，特别是小型企业，还不太支持或理解学徒制的潜在价值，社区学院或许能改变这一现状。这其中的关键点和难点在于，如何启发和激励企业和社区去探索学徒制，并助力成人教育与高等教育的发展。这样一来，在培训和教育合乎企业标准的员工、培养高技能人才和拥有职业资格的工人的同时，也会拉动当地经济的增长。

我所阐述的美国21世纪学徒制模式，是以美国社区和技术学院的参与、支持和引领为核心。这些机构长期开展劳动力教育培训，并支持社区的发展。社区学院拥有招收、评价学生的资源与机构，为当地企业提供合适的学生作为学徒，提供就业机会；同时也向企业和学徒提供获得大学学位所需的相关教育和培训。它也有能力与当地企业、社区建立合作伙伴关系——两个成功开展学徒制培训的核心要素——来支持学徒制教育。这不仅是一个理念问题，还是一个经济问题。

奥巴马政府鼓励并加强学徒制的实施，曾通过 2014 年美国学徒制补助金计划和社区学院倡议注入 1 亿美元联邦基金，这是 2009 年《助学金和财政责任法》（Student Aid and Fiscal Responsibility Act）的一部分。继该项举措之后，政府还设立了在未来五年让注册学徒人数翻一番的目标，并且尽可能地扩大到建筑行业以外的领域。美国 21 世纪学徒制模式和我在 1997 年的作品中所描述和倡导的学徒制模式不谋而合。[2]

本书将探讨我对美国 21 世纪学徒制体系的建议。

致　谢

研究和撰写任何著作都需要大量的时间。在撰写本书时，我游历了很多地方，以便搜集信息，发现事实。

首先，我衷心地向妻子罗思·康托（Ruth Cantor）表达谢意，感谢她在本书手稿撰写过程中给予我的耐心与帮助。她同我一起游历到海外，拜访了采纳学徒制的公司；她曾多次润色每一章的内容。罗思是一位出版作家，几十年来全力支持我的学术研究。为此，我非常爱她。

其次，我也要感谢我的好友和相处多年的同事拉里·思马卓夫（Larry Smotroff），感谢他带着善意和批判的眼光来阅读我的著作，并提出了非常有用的意见和建议。拉里是成人教育培训方面的专家，我很感谢并赞赏他对专业的独到见解。同时，我也要感谢我的朋友兼同事李·沃克（Lee Walker），感谢他的付出与支持。

最后，我还要特别感谢鲁卡斯·思楚恩维特（Lukas Schoenwetter）、罗夫·卡维堤（Rolf Cavelti）和布勒有限公司（Buhler AG）的沃纳·布奇勒（Werner Buechler），感谢他们所付出的时间，以及他们对瑞士学徒制所提供的深刻见解。感谢他们在瑞士乌兹维尔（Uzwil Switzerland）的热情款待。

目录

第一章　重新认识美国学徒制

注册学徒制是由雇主正式发起并实施的培训过程。在整本书中，我提到的学徒制是指美国劳工部的注册学徒制计划——对接潜在员工（学徒）与雇主的正式过程。学徒是公司的雇员，他们在某一特定领域或者岗位进行学习和掌握工作技能的同时，也从事实际的、富有成效的工作。[1] 学徒制由一家公司、企业或其他合法雇主发起并引导。富勒（Fuller）和昂温（Unwin）在2012年这样描述学徒制："在各方支持下，在职业领域中成长为被大家认可的个体的历程"。[2]

在世界上的多数国家，学徒制是在员工教育培训方面比较受欢迎的一种方法。世界银行于2013年研究发现，世界各国利用学徒制取得了巨大的成就。根据研究，德国和奥地利的学徒制劳动力占国家整体劳动力的3.7%，相比之下，美国的注册学徒制劳动力仅占0.3%。[3] 由于英格兰议会推广学徒制的使用，

2010—2011 年与 2009—2010 年相比，学徒制招收规模提高了 63.5%。[4] 2013 年 4 月，国际创新学徒制网络（the International Network on Innovative Apprenticeship, INAP）与国际劳工组织（the International Labor Organization, ILO）在南非约翰内斯堡举办第五次国际会议探讨学徒制的实践问题，与会人员包括来自 34 个国家的研究学者、政策制定者和从业者。然而，美国企业，特别是小型企业并不全力支持学徒制。作为劳动力开发的先驱者，我们可以推广积极政策，将学徒制作为员工教育培训及培养高技能人才和拥有职业资格的劳动者的主要方式，从而对企业界产生积极的影响。2014 年 12 月，100 名来自大型公司的首席执行官组成了华尔街日报（*Wall Street Journal*）首席执行官理事会。他们将培养"21 世纪劳动力"定为首要任务，并明确表示这个社会需要有竞争力的劳动者。要完成这个任务，还需要企业涉足教育领域。[5]

在此，我将阐述对美国 21 世纪学徒制体系的观点，并在接下来的章节逐一展开说明。在第九章，我将从政策和具体实施两个方面提供相应的建议。

根据学徒制的定义和联邦法案，学徒制包括多方合作关系：在某一特定职业、企业或手工艺领域雇用劳动力并提供教育与培训的公司、工人、政府机构（州或联邦劳工部门）、教育部门（理想情况下应是社区学院）。我将探讨扩大合作方的好处，将商会、劳动力创新委员会、行业协会等基于社区组织的力量聚合在一起。同时，我也将讨论其他国家特别突出且成功的模式。通过撰写本书，我希望向读者乃至整个社会传达这样的概念：美国21世纪学徒制是公司、企业、社区学院、社会共同努力的结果。其最终目的是工人通过教育培训达到企业现有工作标准，并通过培训获得大学学位证书。

学徒制是如何运行的？在学徒制中，学徒与雇主达成书面协议（契约协议或注册协议），所采取的形式和协议格式由州政府指定的管理学徒制的机构（通常是州劳工部门）或美国劳工部学徒处（U. S. Department of Labor Office of Apprenticeship）确定。协议将明确说明学习的行业或技艺及培训的时间长度。在协议规定的培训期内，雇主为学徒支付确定数额的工资，若学徒达到培训标准，雇主需每隔6个月为学徒递增加薪。这种"学习与收入"安排将在州或联邦劳工部登记或记录在案，相应地，雇主可以获得一些税收优惠。根据协议，在职培训需在实际工作环境中实施。

21世纪劳动力与世界经济

在未来几十年，何种类型的职业和工作将主导美国的劳动力市场？社区学院需要开展何种培训项目？本书第二章将讨论21世纪劳动力需求和企业需求。一些劳动经济学家经过研究表明，“中等技能”（若描述恰当）类型的工作在2012—2022年间占美国劳动力需求的45%~48%。“中等技能”类型的工作是指那些就业准入门槛高于高中学历但低于四年制大学学历的工作。[6]它包括：保障社会安全的岗位，如警察、消防员、医疗急救技师；维持交通畅通的人员，如汽车机械师、卡车司机、轻轨工人；建筑和维修人员，如建筑工人、木工、机械师、电气技师、砌砖工；基础卫生保障人员，如注册护士、心脏护理技术员、放射技师。这些基础性的工作不能被数字技术所取代。他们的工资收入通常可以反映供需情况——中等技能领域的需求很高。

学徒制将为美国经济带来美好前景。雇主可以通过学徒制与学院建立良好的合作关系，在工作场所培训中等技能的雇员。学徒制的历史最早可以追溯到远古的《巴比伦汉谟拉比法典》（the Babylonian Code of Hammurabi）。这种正式的培训理念早在美国殖民时期就扎根于美国。乔治·华盛顿曾是一名学徒测量员，本杰明·富兰克林当过印刷学徒工。然而，这不仅仅是历史中出现的工作模式。尽管学徒制在当前尚未大面积推广，但它仍然是当今企业和雇主培养技术工人的手段之一。2012年，美国只有375 000名契约学徒，且大多数是建筑业工会学徒。美国契约学徒数量仅为同时期英国学徒制工人数量的7%（已考虑两国不同的人口规模）。[7]

美国的职业和技术教育定位

第三章提供劳动力开发领导者相关的重要信息。这些领导者必须把注意力转向企业领导者、经济学家、政治家所关切的问题上，并就此开展讨论。他们十分关注劳动力培训中职业教育体系存在的不足，如高辍学率及令人担忧的文化水平。这些因素导致年轻人的高失业率及相应的经济生产力的损失。有这些顾虑的人认为，这种体系培养出来的毕业生所获得的技能与当今工商业需求不相匹配。在我看来，这种情况在当今美国职业和技术教育体系下有所恶化。该体系下的专业设置通常与企业的标准和需求相脱节，最终导致雇主、下一代工人及其家长对现有的体系丧失信心，同样也对毕业生找工作和就业局势产生不利影响。从雇主方面来说，会导致生产力和收入受损。所有这些考虑都是我撰写本书的动力。

我认为，美国若想拥有培养年轻一代和未来劳动者的一流体系，就必须重新审视由雇主引领的职业和技术教育的价值，通过学徒制培养具有竞争力和称职的劳动者，使其胜任中等技能和高技术岗位，满足 21 世纪未来几十年的工作需要。然而，由雇主牵头的学徒制培训必须取得社区学院及其他社区组织与教育机构的支持。这不仅是一个理念问题，更是一个经济问题。

西欧及世界其他地区的一些国家认可学徒制的价值，将其作为正式的职业和技术教育手段来培养年轻人，并将他们输送到需要新员工的企业中去。在欧洲的大多数国家里，超过半数的新生劳动力通过学徒制进入了职场。24 个欧盟成员国正式开展了职业和技术教育学徒制培训计划。这些国家的 370 万名员工在企业参加学徒制培训[8]，很多企业获得了技术学校或学院的支持。

作为一名职业和技术教育工作者，我所担忧的是，美国目前中学以后的职业和技术教育体系培养了数量庞大的毕业生，但从整体上来看，他们的技能与雇主或工作市场不相匹配。[9] 为什么会出现这样的情况呢？我认为，原因是职业和技术教育的专业设置与工商业的需求和标准相脱节。从社区和技术学院两方来看，这不是有意而为的结果，而是因为技术培训教育机构以及教师未能通过咨询委员会成员等沟通渠道及时了解当前工业技术和流程的变化。此外，由于资金受限及部分专业招生不足，很多社区学院开设的专业不再全面覆盖社会对劳动力的需求。[10] 目前能够最终获取社区学院职业和技术教育学位、职业资格证书的毕业生比例不到 50%。[11]

政府在学徒制中应扮演什么样的角色？纵观历史，美国的企业家和工人很反感政府参与市场活动。然而，在美国 21 世纪学徒制模式中，州政府和联邦政府是不可或缺的组成部分，并在其中发挥着重要作用。美国劳工部和 25 个州的劳动部门负责监督注册学徒制计划、注册学徒协议，不定期探访雇用了契约学徒的企业。州劳工部门确保学徒制计划的运行与《菲茨杰拉德法案》（the Fitzgerald Act）即《国家学徒制法案》（National Apprenticeship Act）和州立规定协调一致。在南卡罗来纳州，南卡罗来纳技术学院体系为美国劳工部和企业提供了管理平台，该平台可推广学徒制，开发学徒协议，在美国劳工部进行学徒注册，若需要还可定期提供咨询服务。本书撰写时期的数据表明，在联邦政府的推动下，美国约有 1.9 万个注册学徒制项目及 37.5 万名注册学徒。

第三章阐述对开展注册学徒制的公司和学徒给予的资金激励。这笔资金是学院从事劳动力教育的员工可以在社区的公司和企业中使用的一笔额外费用。有些州，例如康涅狄格州为促进公司采纳学徒制，特别提供了资助和税收优惠。从联邦层面来看，为使人们重新回到工作岗位而开展的传统劳动力培训计划（包括通过学徒制培训实现再就业）无论何时都享受补贴的最高支出水平，其中包括 2014 年新颁布的《劳动力创新和机会法案》（the Workforce Innovation and Opportunity Act）中规定的补贴资金。该法案强调雇主发起劳动力培训的重要性，特别是注册学徒制。资金通过劳动力投资委员会现有体系提供给企业，它在促进企业、产业联盟和社区组织开展劳动力培训（包括注册学徒制）方面发挥着更加出色的作用。我将探讨这些新机会对注册学徒制的贡献。

我认为学徒制计划与联邦建立的其他计划之间存在着很大的差异，因为学徒制培训由企业直接开展，它为企业所提供的现有工作岗位招聘员工，并为他们直接提供培训。许多州还为雇主和学徒提供税收优惠及其他激励措施，补偿开展注册学徒制所消耗的成本。这个重要的学徒制模式会在后文详细介绍。

21 世纪学徒制

在美国，很多高中年龄的青年未能通过教育体系取得成功。第四章重点讲解身为学徒的劳动力储备力量。如今，雇主急需技术工人，然而美国很多州的高中辍学率和肄业率高达40%~50%。即使是毕业生也缺乏基本技能和工作技能，这导致了他们的不充分就业或者失业。我将描述由企业发起的、向高中生提供参加预备学徒制机会的计划。通过预备学徒制计划，企业向高中青年敞开大门，在培训师和雇主的指导下，青年人获得了学习实操技能的机会，他们也因为工作而获得补偿。经验表明，这种让学生在外兼职来获得学业中部分学分的做法具有非常好的激励效果。[12] 在社区学院里，开展劳动力培训的员工起到了关键的作用，通过学徒制与大学的双学分课程，把未来的学生（包括学院和高中学生）和实施学徒制的雇主联系在了一起。

什么是学徒？学徒是一个渴望学习手艺、技术或者专业的人。学徒是学徒制模式中唯一重要的组成部分。学徒制培训向工作场所中的青年人提供机会，帮助他们获得成功，养成良好的工作态度，学习一系列行业所规定的现有的、可获得的工作岗位技能，同时获得收入。通常，失业者或者不充分就业者可以受到“学习与收入”这样的机会所激励，并成为学徒。与传统的学校教育不同，根据《菲茨杰拉德法案》，学徒可通过努力挣取工资。雇主把学徒当作雇员给予报酬。根据该地区某工种的工人平均工资的一定比例，商定的培训工资从学徒上岗第一天开始支付。如果学徒达到满意的工作标准，每隔 6 个月工资予以递增，这种学习形式能获得合理的工资（也许还有其他津贴），因此受到大多数学习者的特别期待。培训完成后，学徒将获得一张便于携带的证书——即使不被全球承认，至少也被全国承认。

在工作中，我经常告诉学生及其家长，很多年轻人没有完成学业，没有就业技能就离开了学校，包括那些想获得社区学院学位或者证书的有抱负的年轻人——不到一半的人能够毕业。他们要么不够努力去完成学业，要么是生活上的某些事情压垮了他们，使得他们不得不放弃学业，这很不幸。他们似乎注定要为生活奔波。这些年轻人给出的借口就是他们的社区里没有适合他们的工作。然而，在注册学徒制中，这样的年轻人正在接受已有岗位的培训，并将成为实施学徒制培训企业中的雇员。本书描述了一种由来已久的训练过程所带来的价值，以及某种21世纪的新方法如何能振兴美国的职业和技术教育。有数据显示，超过80%的学徒参加学徒制培训能够完成学业——几乎是社区学院学业完成率的3倍。他们所取得的学徒制成绩也不断地被社区学院所认可，持有的职业资格证书还可以取得大学学分，从而获得大学学位。

经济学家认为，学徒制可以使更多的少数民族人士和弱势学习者实现就业。为达到这一目标，我曾于几年前提出了“青年学徒”这样一个概念。美国的一些州现在允许与16岁的青年签订正式合同，进行青年学徒制培训。在父母同意、高中学校参与以及企业合作的情况下，年轻人在工作场所接受职业指导，同时还在学校学习专业知识以及普通高中课程。在完成高中学业的同时，他们已经完成了部分成人学徒制培训。[13] 这种理念引起了美国国家层面的注意，同时也引起了世界范围内的关注。我认为这一理念应普遍适用于美国高中。

现在，美国公众必须认识到，参加注册学徒制培训比只取得一个大学学位更容易实现美国梦。[14] 就像最近电视新闻节目里所说的，父母应该重新思考：年轻人要想成功，就只有读大学这一条路吗？

负责劳动力开发的领导者需要注意了，在未来的几十年中，超过一半的工作将集中在中高技术领域，低于学士学位但高于高中学历就足以应付这些工作，而它们都会带来高收入。参加注册学徒制培训是获得高需求、高技能的工作以及取得大学学位的有效途径，且没有助学贷款的负担。这些内容将在第四章重点讨论。

从企业和雇主的角度看注册学徒制

为更好地助力职场教育者与企业一起合作，我将在第五章中从企业的观点出发讨论注册学徒制。我拜访了使用学徒制的企业，并与企业主进行了交流，我惊喜地发现，他们之所以使用学徒制，是因为他们发现初期投资回报相当可观——这些应该在美国广泛宣传。他们告诉我，他们培养工人以适应企业的需要，达到产业标准，获得忠诚的员工，培养全方位合作的文化。他们已有的员工在培训新员工的过程中也获益匪浅。在学徒工作和学习技能的同时，企业也收获了学徒的服务。在接受国家对学徒调查的企业中，有 68%的企业表明学徒对企业的生产力发展做出了贡献。

欧洲的企业也在讨论为国家和当地提供培训服务的需要，即除了培养他们自己需要的工人外，还培养更多的学徒。例如在瑞士，我在拜访布勒有限公司时发现，大公司负责培训的工人数量超出了公司的实际需要，以便服务国家，这种情况非常普遍。他们在承担该责任的过程中也享受到了政府补贴。

我想在本书中讨论雇主比较关心的一个问题，即学徒需要接受的其他相关教育和培训。学徒制要求雇主每年为学徒提供至少 144 小时与行业有关的指导。这是脱离工作或者在学校进行的与行业、职业或者手工艺有关的教育，这样的教育可以直接由雇主或者经过认可的学校或者学院提供。很多学徒制计划利用了当地的职业学校或者社区学院来达到该要求。近来，为学徒提供机会以使其获得两年制学位或大学副学士学位（AS）的计划，也在探讨之中。布勒有限公司认为，正规学校教育作为学徒制培训的一部分对学徒的全面发展十分重要。

雇主告诉我，他们的岗位向那些想掌握特殊技能、技术、手艺或专业的人开放。企业在寻找高技能的劳动者，但是找不到。他们不禁要问：什么职业或者岗位适合进行学徒制培训？几乎每个职业都可以进行学徒制培训。经济学家、政策制定者、教育人士均认识到，与传统行业相比，一些岗位和领域进行学徒制培训更有价值。当下美国劳工部认定了超过 1 500 个工种可以进行学徒制培训，如公共服务人员、公共健康人员、工程人员、科学程序员，还有传统的手工艺者。然而，雇主可能还会要求对其他工种也实行学徒制。[15] 在以下章节中，我会详细说明通过注册学徒制培训和开发劳动力，雇主将受益良多。

在第五章，我将驱散围绕学徒制的迷雾，讨论培训成本及投资回报。我将讨论适于培训的人才，美国注册学徒制程序以及各州劳动部门制订的计划、培训标准、公司伙伴、企业财团以及与学徒有关的附加利益和其他值得关注的话题。

成功的企业与行业伙伴关系是注册学徒制成功的秘诀

我发现，企业能够与学院、其他社区组织和产业组织建立良好的伙伴关系，以有效促进和管理学徒制。在第六章中我将讨论基于社区的组织、国家经济发展机构、商会、贸易及产业联合会、企业招商团体、学徒制合作委员会、企业联盟，它们可以承担（目前也正在承担）学徒制培训，并在正规学徒制伙伴关系中发挥着重要的作用。劳动力培训者可以把这些伙伴组织动员起来。我对欧洲、澳大利亚和加拿大的学徒制体系进行的研究表明，这些组织在学生、雇主、产业标准及教育方面起到了重要的桥梁作用。我将讨论这种协作的基本原理。

作为美国21世纪学徒制模式的组成部分，贸易及产业联合会也是企业的重要伙伴。我发现国际学徒制计划总是与贸易和产业组织紧密相关，它们设定标准，确定学徒候选人，颁发证书和帮助企业开展学徒制培训。

美国劳动力创新委员会是潜在学徒的来源，也是资助学徒制的资源。本章将阐述新颁布的《劳动力创新和机会法案》和劳动力创新委员会，以及委员会将如何运行。我也会讨论学徒制合作培训委员会的概念，这个概念在《菲茨杰拉德法案》里已存在多年，并讨论它的运作原理。

企业联盟通常在同类产业内形成，并对雇主提供了很多双向利益服务，比如汇集资源进行宣传和招聘、在学徒培训中分享机会、通过当地学院安排相关的教育与培训、申请补贴等。我也将讨论当地企业联盟的发展与运行情况，同时讨论劳动力教育者如何能够促进这些组织的发展。

从学徒的角度来看，基于社区的合作组织在最大限度地保障学徒制计划取得成功方面发挥着重要作用。在整个欧洲，这样的组织，包括国际大学生实习交流协会（the International Association for the Exchange of Students for Technical Experience, iaeste. org）以及欧洲学徒制网（Euroapprenticeship. eu）都向学生提供帮助，使其成为企业需要的学徒以及未来的员工。[16,17]

社区学院：处于伙伴关系中心地位的美国创新

我坚信社区学院是美国实施学徒制体系中不可或缺的伙伴，这是美国21世纪学徒制模式主要而独特的组成部分，也正是我所主张的。在第七章中，像我对从事劳动力教育的同事指出的一样，国际上那些失业率低的国家重视构建正规学徒制与企业的伙伴关系。[18] 此外，在撰写本书时，当今的联邦政府聚焦于扩大注册学徒制的实施范围。学徒制与社区学院或职业资格证书结合起来，对于作为学习者的学徒来说，能使他们更灵活地取得大学学位，这将更有意义。我们的经济需要美国的劳动者不断提升自我，并保持其技能与现有新技术相适应，这就需要工人具有普通教育的基础，他们可以通过社区学院或者两年制的高等教育来实现。社区学院是完成这一任务的最佳选择。

社区学院参与行业企业的培训方式取得的经济效益也有稽可查。勒曼（Lerman，2009）预测，通过学徒制培训获得的短期和长期收益以及社会效益都有显著增长，从投资的终身回报预测，社区学院两年制教育的回报率是投入的两倍多。[19]

威斯康星技术学院体系（the Wisconsin Technical College System，WTCS）长期对威斯康星州企业提供服务来支持学徒制。威斯康星技术学院体系开发了职业资格证书和相关的学位专业以满足各类学徒制专业需要，这些专业不仅能满足学徒制要求的教育部分，同时向劳动者教授相应技能，以促使其终身学习，也允许学徒制工人获得大学学位。在纽约，帝国州立学院（the Empire State College）具有提供类似教育机会的悠久历史，它为国际电气工人兄弟会（the International Brotherhood of Electrical Worker，IBEW）以及其他劳动组织的学徒提供机会。作为交换条件，通过学徒制与当地企业的伙伴关系，可以促进学院专业的发展。

由于准学徒制到注册学徒制的存在，中学也成了重要的组成部分。很多学院劳动力教育者与合作中学建立合作伙伴关系一起共事，我也将讨论这一问题。

社区学院也向学生提供经济援助，为学徒和雇主抵消学费支出。在很多州，学院也能提供工商业培训基金以弥补州政府给企业提供的学徒制基金的不足。社区学院能助力企业招募学徒。我将讨论双元招收注册学徒制的范例，以及全国建立的大学学位制度。我也将为社区学院以及注册学徒制提供政策上的建议，以进一步促进这些制度的建设。

技能标准与行业证书：学徒制培训框架及与大学学位、文凭和证书的衔接

国家为注册学徒制制定的产业标准是重要的组成要素，我认为该标准在美国还要加强。我和其他人士都认识到了这是个弱项。正如我在第八章讨论的那样，学院从事劳动力教育的人对这种模式的要素要予以重视。

我们能从其他国家学到什么？看看其他国家成功开展由用人单位举办的工人培训十分重要。我考察了瑞士、德国、加拿大、澳大利亚，还有其他国家学徒制培训的政策和实践。我拜

访了瑞士的布勒有限公司。在第八章，我将基于这些进行分析，对美国的政策和实践进行评价。

美国学徒委员会体系具有悠久的历史，它由产业创办，也受产业管理。其中，国家电气联合会学徒委员会（the National Electrical Joint Apprenticeship Committee）是最大的委员会。它为产业电气学徒制培训制定标准。[20]

加拿大学徒制体系基于地域而建立，并拥有一个叫作“红章”（Red Seal）的团体，负责对学徒制计划进行指导与评价。产业与公司会员准许对学徒予以系统化的支持，以及颁发高级证书。这个体系很吸引我，我认为“红章”体系作为模板值得美国考虑，之后我还会提到相关内容。

英国利用的是产业部门技能委员会（the Sector Skills Councils）体系来开发学徒制技能标准，并负责职业资格证书管理和培训政策的制定。它帮助企业与潜在学徒相互沟通合作。在英国，产业部门技能和标准联合会（the Federation for Industry Sector Skills and Standards，FISSS. org）在超过 50 万家企业与国家学徒制服务机构（National Apprenticeship Service）之间提供平台支持。国家学徒制服务机构是一个政府团体，为学徒制建立基金并对其监督管理，它支持 18 个部门技能委员会（Sector Skills Councils）和 5 个部门技能团体（Sector Skills Bodies），这些机构为不同的职业制定技能标准。它们承担着职业资格认定的责任，共同制定学徒制框架，这样的框架将被雇主用来帮助每个学徒确定适合他们的职业。此外，除了为培训目标建立的职业绩效标准外，由委员会建立的数据也用于招聘和评价在职工人。

值得重申的是，学徒制已得到全球的广泛认可与使用。欧洲国家将学徒制培训作为职业教育或劳动力教育体系的组成部分。国际劳工组织在 2012 年审议 20 国集团（G20）[21] 国家学徒制培训情况时发现，学徒制对一个国家和该国经济所带来的好处远不只是明显增加该国公民的就业机会。“学徒制有效地把技能供给与用人单位所需技能对接，比学校内全日制职业教育体系更高效。”[22] 国际劳工组织也发现，当一名学习动机明确的学员（学徒）与一个熟练工人师傅（雇主）一起工作，并培养自身的相关现代技术时，他的技能会有显著提高，同时又能挣取相应的培训工资。这些高水平的技能会带来更多税收——从整体上来说，这有益于政府和社会。

21 世纪学徒制的构成模式

为了寻找最好的正规学徒制培训方案，本书中我对美国和欧洲的情况进行了研究。根据我的发现，美国 21 世纪学徒制包含一些关键合作伙伴，他们将共同培养出接受过良好教育培训的员工及社区公民，我将在第九章中讨论这些方案，并给出建议。

请与我一起阅读这些章节。在这些章节中，我将讨论对美国21世纪学徒制的看法，以及它对美国经济及年轻一代的价值。

第二章　21世纪劳动力与世界经济

本书讲述了美国21世纪学徒制与社区和技术学院结成合作伙伴关系，为美国21世纪培养充足的劳动力。我们的经济和高等教育体系发生了太多的变化，我们期望传统的青年就业培养体系仍然发挥作用，为美国企业提供足够多的经过培训的工人。企业家也赞同这样的看法。[1] 让我们鸟瞰美国经济所发生的变化。

美国曾经拥有诸多大型工厂、成百上千的工人、繁荣的制造业经济和农业经济。工人一旦被企业雇用，他（她）可以在这个企业一直工作到退休，而用人单位负责提高工人的一切工作技能。到了20世纪中叶，第二次世界大战之后，这种现象便开始发生改变，工人们发现自己处于一个更加动荡的经济环境之中，这就要求企业在一个人的职业生涯中进行一到两次的改变。在这些领域的一般工人一旦经历了技术的变革，就必须适应这些变革并不断进取以保住岗位。当今几乎所有的用人单位都必须认识到，他们需要足量的投资，才能为员工提供某种形式的持续培训，使他们保有最先进的劳动力。

21 世纪的新经济

随着 21 世纪的到来，劳动力方面发生了很大的变化。几乎一夜之间，企业开始经历全球竞争，以及适应新技术以降低成本的变化，这种变化导致了企业劳动力的萎缩。为了更好地胜任现有的工作岗位，越来越多的在岗工人希望获得多种工作技能。

美国的新经济也见证了优势产业的调整。当然，制造业作为优势产业已经江河日下，但是美国当下仍然保有着制造业，以及更环保的高新技术产业。由于婴儿潮人口的老龄化，健康保健行业兴旺起来。由于恐怖主义的威胁，美国需要自我保护，因而信息科学得到发展并承担着新的责任。由于农业耕作成本与后续的投资回报基本持平，导致农业规模有所缩减。这使得农业科学与其他产业要素（包括信息技术和机器人）进行了融合和自我重塑。

随着全球人文、经济、技术的融合，诸多改变都在发生。当今，“当地产品”和“当地服务”正在成为过去。商品正以各种各样的方式在全球各地生产，并在供应链上以某种形式进行外包。凯马特（Kmart）采购的衣服是孟加拉国生产的，保险公司使用坐落于印度或巴基斯坦的呼叫中心，你的 X 光片可能正在被世界其他地方的某位医学教授查看。这影响着工人的培训过程，包括技能培训的深度和广度，培训一个还是多个岗位技能，以及是否需要持续培训或再培训。企业间建立合作伙伴关系——甚至是相互竞争的企业——已非常普遍，特别是在产业供应链上的企业。

在我写这本书时，我们看到生产、商品销售、服务正在反弹回升，同时也看到（但不是很明显）全国一些相关的失业率也在反弹回升。对用人单位来说，他们不愿意聘用未经考核的工人，或者工效较低的工人（或者多名工人里只有一两个比较有用）。他们需要更加健全的美国学徒制体系，因为这种体系会给他们带来价值。美国劳工统计局的数据表明，2012—2022 年美国经济需要增加 1 560 万个工作岗位（劳动力增加 10.8%）。需要高中学历或更高学历的职业，会比那些只需要高中学历或低于该学历的职业得到更快的发展。[2]

21 世纪的职业和工作

什么样的职业和工作可以在美国就业市场上占主导地位？一些劳动经济学家的研究表明，“中等技能”（如果这是个恰当的术语）类型的工作在 2012—2022 年间将占美国劳动力需求的 45%~48%。中等技能工作是指那些要求员工拥有高中以上学历，但低于四年制大学学历的工作[3]，包括保障我们安全所需要的岗位，如警察、消防员、医疗急救技师；使我们交通便利所需要的人员，如汽车机械师、卡车司机、轻轨工人；建造和维修我们的住处所需要的人员，如建筑工人、木工、机械师、电气技师和瓦工；基础健康保障人员，如注册护士、心脏护理技术员、放射技师。这些必要的职业人不能被数字技术所取代。工资通常反映出供需情况——这些中等技能领域对员工数量有很高的需求。

美国劳工统计局对若干类职业进行了预测，以向下一代职业人表明，哪些岗位的就业前景一片光明。表 2. 1 给出美国劳工统计局的一部分数据，包括对 2022 年工作数量的预测、工作增长的百分比以及当前岗位的平均工资。

表 2. 1　21 世纪中等技能职业岗位增长预测，2012—2022 年

行业	职业	就业（2012 年，每 1 000 人）	预测（2022 年，每 1 000 人）	增长百分比预测	平均工资（2012 年，美元）
健康保健	牙科保健员	192. 8	256. 9	33. 3	70 210
	牙科和眼科实验室技术员				
	医疗器械技师	82. 9	88. 5	7. 0	33 070
	诊断医学超声检查师	58. 8	85. 9	46. 0	65 810
	物理技师	71. 4	100. 7	41. 0	52 160
	助理作业治疗师	8. 4	11. 4	36. 2	26 850

续表

行业	职业	就业（2012年，每1 000人）	预测（2022年，每1 000人）	增长百分比预测	平均工资（2012年，美元）
建筑	木工	901.2	1 119.4	24.4	39 940
	砌砖工	71.0	96.2	35.5	46 440
	绝缘材料工	28.9	42.4	46.7	39 170
制造	布线技师	249.4	267.7	7.0	58 210
	机械师	476.2	510.0	7.0	40 910
	电工	583.5	697.2	20.0	49 810
	机电技术员	17.3	18.0	4.0	51 820
公共服务	消防员	307.0	327.3	7.0	45 250
	警察	780.0	821.4	5.0	56 980

资料来源：美国劳工统计局（2014年）。

由于婴儿潮那一代人的年龄继续增长，并逐渐丧失劳动能力（除了婴儿潮人口，55岁及以上的工人将在2022年占据总劳动力数量的25%以上），健康和社会服务类工作将每年增长2.6%，即在2012—2022年间增加500万个岗位，占全国预计增长总数的1/3。2012—2022年，在30种预计就业数量增长最快的职业中，有14种属于健康领域，19种职业需要进行高中阶段以后的某种培训。在这些领域，学徒制培训也越来越受到欢迎。

在聆听有关就业和经济的评论时，我们经常听到几乎被遗忘的“中等技能工人”。甚至在培训和产业开发领域，它理所当然地变成了一个常用术语。我们国家的经济，甚至世界经济，没有这些工人就无法实现。他们的工作很重要，他们所接受的岗前培训是一项需要周密准备、意义重大，并具有挑战性和复杂性的技术工作。基于这些原因，这些职业中几乎每个人都与职业资格证书和执业证照联系在了一起。

在 2012—2022 年间，建筑领域工作岗位数量预计增长 2. 6%。这意味着在此期间，总共将增加 160 万个工作岗位。

健康保健事业的飞速发展带来了更多中等技能水平的工作岗位。在这个过程中，为了降低健康保健成本并适应这种变化，就需要增加健康事业人才。原来由注册护士或职业护士承担的工作任务，现在由中等技能水平的技师来完成。表 2. 2 所呈现的是 40 个典型的、可利用学徒制的中等技能健康保健职业。[4]

信息技术是另一个行业集群中比较突出的中等技能学徒制职业。比如信息安全专家、信息管理方面的 IT 项目经理、IT 通用人才等，这些都是高需求的职业。[5]

在这期间，公共安全领域的岗位数量将可能增长 5% ~7%。

美国的制造业正在反弹回升，例如机电技术方面的人才需要进行学徒制培训，以满足用人需求。事实上，正如我在第六章中所强调的，在北卡罗来纳地区的企业已与企业联盟构建合作伙伴关系，并已在这方面开展了学徒制培训工作。

表 2.2 健康领域学徒制职业

救护车服务员	长期护理护士
生物医学设备技师	医学助理
注册护士助理	医学实验室技师
注册护士助理（一级）	医学秘书
注册护士助理（高级）	医疗转录员
认证护理助理	执业护士
注册护士助理（康复）	光学仪器汇编程序员
注册护士助理（老年痴呆）	配镜师
注册护士助理指导师	配镜师（光学物品）
注册护士助理（义齿）	矫正技师
牙科助理	矫正师
牙科设备安装与服务员	口腔牙齿矫正技师
牙科实验技师	医疗护理员
医疗电气设备维修员	药剂师助理
急救医学技师	药店助理
入殓师	药房服务协理员（一级）
卫生保健员	药店助理技师（二级）
卫生支持专家	药店助理技师（三级）
卫生部门协调员	足疗助理师
家庭健康助理	足疗技师
实验室助理	假肢技师
实验室技术员	高级家政管理员
外科技术员	兽医和实验室动物技师

资料来源：虚拟职业网（Virtual Career Network），https://www.vcn.org/health.

什么职业可以开展学徒制？ 美国的学徒制几乎存在于任何职业领域，只要有一套验证过的行业标准并起到“工作程序”的作用，那么其对应职业就可以开展学徒制。现在已经有超过1 000种职业在学徒制办事处网页（www. dolet. gov/OA/occupations. cfm）上被定义。网页上包括传统领域的职业，如空调维修工，以及一些非传统领域的职业，如电视导演。任何一家公司或产业集团可以申请在该网页列表中添加其他的职业名称。在以后，我将讨论职业领域的问题，这些职业领域包含诸多岗位。

对于学生家长、教育者、高中学校顾问、劳动力开发政策制定者等人来说，当下一代职业人向他们咨询时，他们必须认识到这些职业和工作的价值。在考虑职业对大学学分的贡献时，他们应该认识到岗前培训的价值。在未来十年中，美国近一半的岗位空缺，这些岗位需要一系列的职业技能，而这些职业技能可以通过在职培训和技术教育而获得，接受培训者也因此能取得大学学分。然而在美国，由于缺乏合格的工人，数以百万的就业岗位始终保持空缺状态。注册学徒制成为另一种类型的四年制学位。

重新思考美国的职业和技术教育

对于有责任感的公民来说，重要的问题是如何规划我们未来的劳动力。如果你是一个企业家，无论是大企业还是小企业，这个问题将决定你最终是否成功。除非你拥有高效的生产力，否则你很难生存。

在曾经充满活力的制造业里，美国的劳动力培训由职业技术教育学校以及中学阶段后的成人培训机构完成。技术学院、社区学院、成人教育及中等职业学校、专利协会每年有上千名毕业生，几乎所有的人都在他们家乡的社区根据自己的意愿找到了工作。

当前，美国的职业教育体系培养的毕业生又如何呢？现在是否已经能够完全满足21世纪的需要？我们要继续依赖传统的职业技术教育来培养我们的青年成为21世纪劳动力而获得成功吗？

企业的领导者们称，职业技术教育学院和基于学校设置的专业与他们的需求和期望存在着差距，很多接受过职业技术培训的学生在工作岗位中的表现表明，他们所掌握的技能与企业使命和目标所要求的技能不符，不能给企业带来附加价值。有些用人单位抱怨学生所学的技能与企业需要严重不符。我经常听到来自当地企业人员组成的技术学院专业咨询委员会发出相同的声音。猎头公司万宝盛华集团（Manpower Group）最近的研究数据表明，约有34%的用人单位反映他们很难招到合适的工人，因为缺乏合格的应聘者。[6] 还有其他研究表明，用人单位担心教育机构用于学生培训的设备已与时代相脱节。更糟糕的情况是，当地学校不断减少经费预算，使职业技术教育专业建设雪上加霜。

作为行政管理者，我一直在关注自己能否继续提供职业技术教育专业的全部目录。专业依赖于充足的招生以保证其正常运行。专业的招生潜力不再能够依靠所谓的“局部样板区”人口数据来预测，该数据是指那些学院指定服务区内愿意报名就读该专业的人口数量。通过互联网宣传竞争，学院所在地的学生被招走了。随着在线招生指导时代的到来，通过网络，许多可能在本地区入学的大中专学生反而去其他州立大学或州外大学上学，甚至出国留学。学生是聪明的消费者，如果专业的生命力不强，或者说所学专业领域的工作不好找，他们就不会去报这个专业。

在当今的公司内部，任何一个特定的岗位或者行业所需的雇员比以前更少了，且要求这些雇员拥有更广泛的基础技能。现在已经没有必要雇用当地学院毕业的15~20个建筑木工或者X光技术员。经过1~2年的学习，学生对就业前景产生了怀疑；而且，由于学费的缘故，他们也不会继续就读本专业。

其他针对社区学院的抱怨是，职业技术教育专业不能快速而有效地满足当地企业的需要。行政程序是学院必须要遵守的，而它阻碍了学院快速调整专业内容以满足当地用人单位的需要。如果用人单位调整对雇员的技能要求以弥补雇佣成本，那么学院或学校将更难满足当地企业对劳动力的需求。例如，当地内科医生或者诊所希望雇用一名具有多项技能资质的健康助理，比如抽血人员和注册护士助理。几年前，两位独立的雇员可以单独完成各自的任务，而现在的雇员可能需要培训两项技能以保住工作，或者一个雇员可能要去工作场所学习一整套技能，又要作为学徒到在职员工那里去掌握第二套技能。其结果是，如果那个专业招生潜力不佳，当地学院就不会抓住机会开发或调整专业内容。

在学院或者学校里，有一件经常发生的事情，即专业教师不能与行业或企业保持紧密接触，使专业课程内容不能与时俱进。由于教师长期脱离企业，职业岗位技能早就过时了。这种现象加剧了课程内容与行业企业的脱节，学生掌握的技能也与用人单位的要求不符，企业雇用他们后还需要立即对他们进行再培训。职业技术类专业必须要与现行的行业技能保持一致。多年来，我试图让教师周期性地去企业实践，或者让休假中的教师回到当地企业，以便缓解这个问题，但通常遭到教师的反对和工会的抱怨。他们认为没必要这样“惩罚”教师，并且认为没有我的帮助，他们的技能照样能与企业保持同步。

通常，学生在上学期间需要得到支持。他们不仅需要养活自己，而且有时还需要支持家人。兼职工作是一个好的解决办法，但这也意味着要少上一些课程，延长课外学习时间。在他们追求大学梦之前，他们需要寻找解决办法或者拓展性学习——甚至是职业领域的学习。

聪明的学生不会在最终没有保障，还要在付出学费成本的高等教育上投入时间与金钱。最近，我听说大学生财政援助债务为平均每人 3.3 万美元。仅是这一点就支持了选用学徒制作为职业技术技能培训的方式。

这些问题影响了社区学院和成人职业教育培训中心开展职业技术教育的质量。

在美国的 21 世纪，与企业合作利用学徒制来培训劳动力是最有用、最有效的办法。如勒曼（2009）所设想的，“也许学徒制更能成为美国开展技能培训的主要方式。最令人信服的证据是，学徒制的回报率远远超过其他类型的中等技能培训方法”。[7] 政府对开展学徒制的企业提供优惠条件和税收抵免比资助大学开展其他项目更有效益。

职业技术教育要有创新方式。2013 年，雅各比（Jacoby）谈到美国职业技术教育的窘境时指出，学校与企业可以合作以改进职业技术教育。新的举措包括欧洲国家制度化的多种形式——职业教育“双元制”，包括实习、指导、符合行业标准的培训项目。[8] 当然，还有学徒制。每一个创新过程都用来为学生提供更实际的、行业内最先进的实际操作培训，且培训将在真实的企业环境中完成。

很多美国社区学院与当地工商业建立了伙伴关系，对社区劳动力进行培训，促进当地经济发展。例如，凯霍加社区学院（Cuyahoga Community College，Cleveland，OH）院长说：

为了解决这个重要的地区用人需要，凯霍加社区学院劳动力和经济发展部（Cuyahoga Community College Workforce and Economic Development）与当地企业工会共同创办联合学徒制培训委员会（Joint Apprenticeship Training Committee），这种全面合作伙伴关系帮助入门级和在职员工加强他们的技能。通过参加学院资助的学徒制培训，作为大学学分的一部分，从而最终获得学位证书，这对雇员成功的职业生涯来说至关重要。[9]

学徒制与经济发展[10, 11]

还有一个观点是，增加对学徒制的利用，能够加快当地经济社会发展。而且，学徒制也是促进本地经济社会发展的最佳途径，这两个方面相互促进。我现在比任何时候都坚信，当地和区域经济发展，以及更充分的就业，依赖于社区学院和本地社区组织的合作，例如与学徒、工商界、当地政府部门、州政府部门（如劳动部门）、民间组织的业务合作。然而，我认为社区学院是这种相互合作的重要催化剂，正如我之前讲到的，美国社会在对劳动力培训及其竞争力方面变得过于自满。

什么是经济发展？经济发展是公立部门和私有部门共同努力合作，以改进社会经济状况的活动。其活动要素包括：

（1）鼓励区域振兴，发展经济，吸引工商企业，增加就业机会，保持或提高居民生活质量。

（2）商业、行业、劳动、所有政府部门和教育层面协调与合作（例如达成学徒制协作伙伴关系）。

（3）明确界定活动实施过程中所有组织、个体的作用与责任。

相关方。经济发展合作与支持伴随着商业、工业、经济发展机构三个方面，包括准政府、州政府，或当地组织联盟，以及具有双元招收学徒制特征的社区学院。图 2. 1 展示了新兴协作模式。

协调行动。经济发展协作是在各相关方有效、积极、最大限度的合作下完成的。各方在某种程度上都可以受益。此外，重视小型企业，充分利用现有资源和服务，在本地开展实施会产生最好的效果。每个组织的作用与责任必须清晰且容易理解，他们独特的个体能力可以发挥更大的作用。

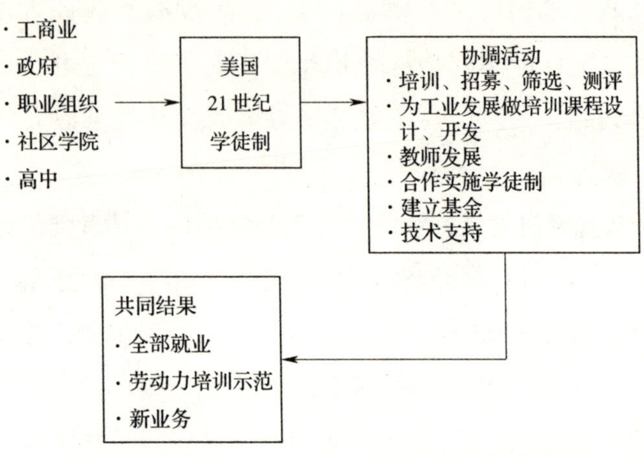

图 2.1 新兴协作模式

企业和行业的作用。基于社区各类组织成员，在促进特定社会经济发展利益方面，当地工商业必须发挥领导作用，包括商业联合会、私有企业委员会、100 理事会（councils of 100）、联合学徒制培训委员会以及商业协会。内容可能包括与当地或州政府机构合作，吸收新的企业到当地，同时与政府合作以改变税收结构，或者采取法律行为，以使经营生态最优化。北卡罗来纳州每年 50 美元的学徒注册费阻碍了企业对学徒制的实施，针对该费用是否应取消的问题，目前依然在进行相关司法辩论。工商业也可以与当地社区学院合作，为潜在企业转型或者为现有企业的产能变革培训劳动力。在北卡罗来纳州的案例中，费用没有被取消之前，至少有一个社区学院合作伙伴要为参加的企业承担费用，为积极的经济发展创造条件。

经济发展组织。社会经济发展涉及各个方面，包括政府机构、企业组织或社会经济发展组织、州或当地经济部门提供技术支持和一些金融支持以帮助企业在发展或转型中寻求指导。该过程也会协助学徒制的注册过程，保障相关培训顺利实施。例如：

- 加利福尼亚劳工和劳动力发展局（California's Labor and Workforce Development Agency）最近告知加利福尼亚劳动力投资委员会，学徒制是培训下一代加利福尼亚州劳动力的优先事项。州立注册学徒制计划将纳入“合格培训提供者名录”（Eligible Training Provider Lists）。
- 南卡罗来纳州竞争力委员会和南卡罗来纳技术学院体系合力加强该州学徒制，其目的是促进汽车生产发展和协作生产汽车零部件。

准公共机构也参与到了经济发展范式中来，在这一机构类型里，全国私有工业委员会十分突出。新泽西格洛斯特郡劳动力发展委员会为加强学徒制建设，建立了基金，使符合条件者成为学徒。而且，华盛顿特区沃伦郡萨拉托加社区劳动力发展体系也促进了纽约北部学徒制的开展。

联合学徒制委员会作为特殊的非营利组织，帮助全美复员老兵通过学徒制寻求再培训的机会。

社区学院与经济发展

在过去几十年里，社区学院对当地的经济发展起到了重要的促进作用。这个独特而强有力的组织，有能力也有资格促进当地经济的全面发展。支持社会经济发展已成为社区学院最典型的使命。学院通过外延式服务而实现目标。例如，为注册学徒制定课程，为企业做订单培训，在企业实施教学和专业建设，在校园内对小型企业孵化器予以资助，或者作为学院社区服务的一部分，建立小型商务援助中心等。不是所有的学院都开展这些活动。有些学院还提供更为复杂的服务内容，例如支持企业注册学徒制。下面我们来看看作为经济发展的组成部分，社区学院将如何支持和促进注册学徒制。

技术援助。学院延伸到社区的各个平台招收学生（包括青年）作为潜在学徒；根据企业标准和技能评价标准对学徒候选人进行提前筛选；对职业选择与兴趣评价提供决策资讯；对特定学科由大学教师提供社区咨询服务；为大学生提供普通就业服务，以帮助企业填补工作空缺。

技术培训。学院可以为企业提供个性化培训；提供与学徒制有关的指导；提供短期培训课程；提供再就业培训和升级培训，包括职业资格证书课程；提供管理技术培训和职业技术咨询。

企业发展服务。学院可以为小型企业提供“培育场”，成为联合学徒制培训委员会成员，帮助学员获得资助和经济支持认定。

学徒制与社区学院双元入学制。社区学院的岗前培训活动与学徒制合作，形成双元入学制（一个学生既能成为学徒，又能同时攻读两年制大学学位）。这在多个方面都能为社区带来更广泛的经济发展。

那么，社区学院的领导应该考虑与学徒制合作吗？

- 你的组织将获得相互利益（相互补偿）。

当然，主要的补偿来源于跨组织合作的学徒制公司有成效的工作；作为回报，公司因此能够盈利，并让新的熟练雇员享受生活，这对当地经济也大有益处。这样，社会经济就会得以发展。要实现这些目标，作为一个组织的社区学院必须认识到自身也会受益，其中最重要的是，增加了相当于全日制学生的招生量，给学院也积累了资金。通过双元制招收注册学徒，企业的产量提高了。任何社区学院的管理者都应该认识到这一点，公司招聘积极上进的工人从事生产和参加学习，从而获得价值。希望公司能够认识到，在这种学习经历中，他们能通过前期的投资获得长期收益。

其他合作伙伴、劳动力投资委员会、行业协会以及类似的机构也将认识到这种合作对经济的长期发展和社区充分就业的投资价值。

• 社区学院、企业和其他组织之间的合作，可以获得更多的外界资金。

也许，资金是组织之间合作的最大动机。资金也是美国注册学徒制最富于变化和最有改进空间的方面。与联合学徒制培训委员会合作，是最初的学徒制资金机制。而现在，这种合作关系还加入了社区学院助学金、政府税收优惠、劳动力投资委员会补贴以及其他资源。我们将在以后的章节里对此继续讨论。

改进学徒制协作的努力

在过去的五年间，学徒制受到了经济学家的积极关注，他们关注的是创造工作的机会和劳动力开发。因为在未来的几十年里，大约有 47%的工作很可能是中等技能和高技术领域的工作。为了支持经济学家的预测，联邦政府建立了 1 亿美元的基金以促进学徒制发展，特别是与国家社区学院的合作，支持青年工人参加高等教育和终身学习。人们广泛认识到，新的经济特征是快速的技术发展，其本质是给企业带来了快速的变化。

青年学徒制作为技术储备和学校到工作的转换延伸，在过去的几十年里越来越受到欢迎。国家教育与劳动部门联合起来对高中、企业、社区学院提供补助金，鼓励学生作为雇员进行技能培训，鼓励高中毕业生参加注册学徒制学习，鼓励中等教育与高等教育的衔接。

美国很多州已实施税务减免和其他激励政策来助力注册学徒制的发展。我将在第三章中讨论联邦和州两个层面的集资方案。

第三章　美国的职业技术教育定位

一家公司招收一位雇员或一个工匠招收一名助手，然后给这个人提供一段时间的有偿学徒制培训，以帮助他们学习和掌握一门技术或手艺，这就是美国早期主要的培训方式。我们像先辈一样，向下一代传授职业技术和科学，这种方式促进了国家的发展。在美国公立学校开展正式职业教育之前的19世纪，教育并不存在任何问题，但后来我们为什么把路走偏了呢？

第一次世界大战以后，我见证了遍布美国的工业职业培训，由于工业快速发展，需要大量建筑工人和手工艺者。在这期间，美国经济学家福尔摩斯·贝克韦思（Holmes Beckwith）试图推动德国学徒制模式，以作为美国培养有良好教育工人的最好方式。他在哥伦比亚大学专题论文中写道："也许德国具有这类教育最丰富的成果和经验，大部分经验可以教会我们怎么做。"[1] 作为骄傲而又独立的民族，我们拒绝采用任何在别处出现的实践，但我并不支持这样的观点。1917 年，《史密斯休斯法案》（the Smith-Hughes Act）标志着官方在全美公立学校正式开始实施职业教育"体系"，此法案致力于降低失业率，减少对国外贸易学校的依赖，提高美国工人工资收入潜力，以及保护国家安全。之后出现了一个有影响力的联邦职业教育法案，即 1963 年颁布的《职业教育法》（the Vocational Education Act）。

职业教育为美国各行各业培养了大批员工。过去所教的课程反映出了产业发展的需求。职业学校，特别是职业中学和成人培训机构开发了很多的培训项目。

尽管美国拒绝采用德国的双元制教育体系，然而美国的教育的确在学术上开发了两种不同导向的教育，一种是学术导向的"大学生"，还有一种是"职业院校学生"——或者称之为接受"不太学术化倾向"教育的学生。渐渐地，职业教育的课堂变成了那些不能够或不愿意参加大学预科课程的年轻人的"倾弃场"。因此，职业教育的课堂教学和学习环境承受了较大的压力。在这种状况下，父母会尽全力鼓励孩子去追求大学梦。他们会劝说具有良好学术能力的青年和希望学习技术的学生不要去接受职业教育。企业从职业学校的毕业生中获得劳动力，然后投入资金，在企业内部开展基于工作所需的培训。[2] 到20世纪中叶，我们所发展出的职业教育体系使得众多的经济学家、教育家和政治家认为，这个体系帮助美国抵御了风险。

对于由来已久的、企业主导的学徒制来说，上面这一切都说明了什么？让我们看看美国学徒制的历史和立法基础。

学徒制——美国模式

正如我所讲的，对美国来说，学徒培训并不是一个新鲜事物。事实上，学徒制是让下一代工人做好准备的一种手段，它在美国建立之前就已经存在了。然而，随着学徒制的发展，制度建设势在必行。1911年，威斯康星州第一个建立了“注册学徒制”（Registered Apprenticeship）体系。1943年，《国家行业复兴法案》（the National Industry Recovery Act，NIRA）是第一部为在职培训和学徒制体系建设提供新平台的联邦法律。《国家行业复兴法案》为产业、工会、政府合作开发一套工资、工作条件、商品及服务质量的产业标准提供了机制，并对建筑行业的岗位培训和学徒制的规章制度进行了规定。

在美国劳工部部长弗朗西丝·帕金斯（Frances Perkins）领导建立了联邦学徒制委员会（Federal Committee on Apprenticeship）之后，《国家学徒制法》（the National Apprenticeship Act）于1937年颁布，该法也被称为《菲茨杰拉德法案》。这个法案和以后的修正案为国家学徒制咨询委员会（the National Advisory Committee on Apprenticeship）起草学徒制培训的规章制度和建立最低标准提供了依据。美国劳工部（the U. S. Department of Labor Employment）和培训管理局（Training Administration）管理着《国家学徒制法》。《美国联邦法典》（the U. S. Code of Federal Regulation）（第 29 部，标题 29）包含学徒制管理标准的内容。

美国劳工部学徒办公室（the U. S. Department of Labor's Office of Apprenticeship）指出："学徒办公室与 25 个独立的州学徒机构协同管理全国学徒计划，这些机构的职责如下：

- 对满足联邦和州标准的学徒制专业进行登记，以保护学徒的安全和福利。
- 向学徒颁发国家承认的、便于携带的职业资格证书。
- 通过市场化和技术协助，促进新学徒项目的开发。
- 确保所有专业开展高质量的培训。
- 确保所有专业都能够培养出有技术和能力的工人。"[3]

2008 年的《美国联邦法典》中有关学徒制和《菲茨杰拉德法案》的内容已通过国会进行了更新，修订内容如下[4]：

- 三种方法促使学徒完成学徒制学习：

（1）基于能力的方法。要求学徒展示指定科目的竞争力，并要求他们接受在岗培训以及相关学习指导。

（2）传统学徒制，即传统的、基于时间的方法。要求学徒完成一定数量的在岗培训内容和相关学时。

（3）综合方法。要求学徒完成指定科目里最低数量要求的在岗培训内容和相关学时，并展示指定科目的竞争力。

• 临时凭证能够使学徒展示具体技能和行业或职业科目方面的情况，提供便于携带的、满足高新技术领域要求的、被行业承认的证书。

• 通过远程技术和其他数字媒体渠道，提升和认识基于技术的学习，以促进相关教学。

• 专业表现标准引入毕业率作为专业质量的指标，是现有质量保证的标准，也是获得公平就业机会（Equal Employment Opportunity，EEO）的措施。

• 临时注册将为主办者在注册过程中提供额外的技术援助，通过首次注册课程中的临时年末课程来提高质量保证水平和课程成功率。

《菲茨杰拉德法案》为美国学徒制提供了基础和规则。联邦的资金支持和其他多种额外立法措施推动了学徒制的开展和劳动力的培训。

现有其他联邦措施。2014 年的《劳动力创新和机会法案》（the Workforce Innovation and Opportunity Act）已经取代了《劳动力投资法案》（the Workforce Investment Act），用来作为主要的联邦劳动力培训措施。这个法案承认注册学徒制带来了新的岗位培训机会，并加快了区域经济的发展。它关注青年计划，例如青年学徒制。它加强了与学徒制的联系，为雇主发起岗位培训和个性化培训增加了资金补偿率。《劳动力创新和机会法案》的立法目的是通过促进岗位培训，以改进对公司和雇主的服务。该法案旨在确保劳动体系以工作为驱动力（学徒制），来促进企业的发展和经济的增长。劳动力发展委员会为雇主与个人牵线搭桥，并为他们寻找技能培训机会。通过该法案，劳动力发展委员会促进了行业和部门的合作伙伴关系，以解决在一个行业内的多个雇主的劳动力需求。这个法案为企业和雇主提供了更多的基于工作培训的鼓励机制，包括注册学徒制。法案强调了获取行业认可的资格证书所需的培训，也强调了青年和准学徒学费中的20%需花在这项活动之中，很明显，注册学徒制在这个法案中占有重要的位置。

工作机会税收抵免。如果企业招收的员工里包括满足补助金要求的学员，企业就可以享受“工作机会税收抵免”（the Workforce Opportunity Tax Credits）政策。这些学员包括长期失业人员、“家庭临时需要计划”（the Temporary and Needy Families Program）下的公共受助人员、残疾人员、职业康复服务人员和失业复转军人。工作机会税收抵免根据雇员（残疾人员、“家庭临时需要计划”下的公共受助人员等）类别不同而不同。每一个新员工在就业的第一年最高可抵免 2 400 美元工资的税务，而在就业的前两年最高可抵免9 000美元工资的税务。对于以学徒身份被雇用的员工来说，这可能是他们为雇主带来的另外一种有用的激励措施。

1992年的《妇女学徒制和非传统职业法案》（the Women's Apprenticeships and Non-traditional Occupations Act）。这些资金对雇主和有组织的劳动者提供技术援助，以鼓励和促进在可实施学徒制的行业和非传统职业领域雇用妇女。2012年，在6个州，企业财团获得补贴180万美元，这使得联合企业财团和当地劳动力投资委员会受益。在美国，妇女仍然只占注册学徒非常小的一部分。

美国退伍军人事务部特别雇主奖励。美国退伍军人事务部（U. S. Department of Veterans Affairs）也管理资金来帮助美国退伍军人回到劳动力市场。退伍军人可以每月获得免税助学金以弥补他们在学徒制培训期间的工资不足。[5] 此外，开展注册学徒制的企业也可获得特别雇主奖励，用于培训和雇用受伤勇士和残疾老兵。这些特别雇主奖励可以支付6个月工资的一半，以及支付与工作有关的工具费用。[6] 在州一级层面，一些州也已经立法，以确保学徒制得到保护，培训内容充实丰富，以及与联邦法律保持一致。

当然，学徒制的理念广泛地建立在合作伙伴之上，当局政府也支持这样的理念，并于2014年为行业调整援助和社区学院及职业培训（Trade Adjustment Assistance and Community College and Career Training）竞争性资助计划提供5亿美元。该资助项目聚焦国家行业协会及组织的合作伙伴关系，通过认定的行业证书项目，社区学院、相关教育机构以及相关基于社区的组织帮助他们建立工作培训计划，指导他们的职业生涯规划——非常像欧洲的学徒制。这样，朝建立资金支持的学徒制立法迈出了巨大的一步。第一个这样的行业组织是美国烹饪联合会（American Culinary Federation），它获得了美国劳工部48.1万美元的奖励。

正如我在第二章提到的，职业教育见证了学生家长、青年人、企业家、教育者、政治家新的兴趣点，职业教育试图解决失业问题和经济疲软问题。劳动者教育数量正在增长，正在对纯技术专业起着替代作用。2013年，雅各比引用国家教育统计数据中心（National Center for Educational Statistics）的数据反映出，19%的高中生至少在单个职业科目中获得3个学分，18%的成年工人获得了一种或多种职业高中级别的资格证书。[7]这种倾向说明，一部分美国人愿意去学技能，因为这样对职业生涯有益。也许这些美国人愿意重新思考职业教育的地位，愿意在立法上投票，在州和联邦层面巩固和加强劳动力培训的政策。

州一级基金对学徒制的支持

越来越多的州通过资助措施来促进企业应用学徒制。这些州包括阿肯色州、加利福尼亚州、康涅狄格州、佛罗里达州、爱荷华州、堪萨斯州、路易斯安那州、缅因州、马里兰州、密歇根州、明尼苏达州、密苏里州、蒙大拿州、新泽西州、俄勒冈州、罗得岛州、南加利福尼亚州、得克萨斯州、弗吉尼亚州、华盛顿州、西弗吉尼亚州和威斯康星州。就绝大多数而言，这些奖励措施包括对企业雇用学徒实施相关学徒制教育和培训学费税收抵免，对社区和学院或其他教育实体予以补偿。以下是美国各地提供给企业和学徒的奖励措施和税收抵免亮点。[8]

阿肯色州拥有青年学徒制计划，用以促进高中年龄的学生进入高年级在岗项目学习，以便在高中毕业时实现完全学徒制。这是一份与企业、学生、阿肯色州政府、学生家长签订的学徒制正式书面协议。该项目必须包括3~5年的工作计划和工作监督，培养学生在某一领域获得技能，取得承认的证书，表明企业的承诺。教育部分必须包括学生最终取得相关大学学位或大学证书，或完成全部成人学徒制内容。企业必须对学生的工作予以监管，并提供团队学习的机会。学生必须获得毕业证书和职业资格证书。阿肯色州的企业最高可以获得学生一年工资收入的10%作为补偿，或者获得2 000美元，以较低数值为准。[9] 在本书的撰写过程中，阿肯色州职业教育局将这种青年学徒制机会作为“不以大学为目标”进行推广——这一措辞确实不太明智。[10]

加利福尼亚州允许社区学院和学徒制主办方获得超额费用补贴。其中，他们可以通过州立蒙托亚（the State's Montoya）基金从学院获得额外经营成本补贴。[11] 加利福尼亚产业关系局与学徒制规范处（California's Department of Industrial Relations and the Division of Apprenticeship Standards）以及劳动和劳动力发展局（Labor and Workforce Development Agency）与当地劳动力发展委员会签署了一项契约，要求把州一级注册学徒制计划列入有资格提供培训的企业名录之中，以便能够使用妇女特别援助（Women in America, WIA）资金。值得注意的是，加利福尼亚55 000名注册学徒中，每年有22 000人是不从属于建筑、消防和公共安全领域的学徒。加利福尼亚消防员联合学徒委员会（the California Firefighter Joint Apprentices Council）在全州消防部门中促进了学徒制的开展。

康涅狄格州传统学徒制计划靠税收优惠支撑。对企业的补偿达到每年每个学徒4 800美元，或者是学徒工资的50%。另外，在康涅狄格州任何一家成人职业教育中心（非社区学院系统）学习的学徒，每门相关培训课程最高补贴100美元，准学徒不在税收抵免计划之列。康涅狄格州在一些制造业技艺传承获得税收抵免方面提供了一些范例。它们是机械师、工具和模具制造师、塑料技术员、注塑技术员以及类似的涉及多种工作程序的职业。比如，使用机械工具或设备进行剪切、磨削、铣削、车工、钻孔、设计、捆扎、研磨、装配、故障排除、维修以及制造业机械保养。[12]

爱荷华州通过社区学院到爱荷华经济发展当局的资金转移管理，增加对学徒的资助，支持劳动力培训和经济发展。80%的爱荷华学徒在非联盟公司。爱荷华州通过了立法，总督特里·布兰斯塔德（Terry Branstad）谈到该州状况时说：

“我们州在过去的资本投资所带来的积极成果之一是增加了对工作岗位的需求。学徒制计划使我们快速而有效地培训工人以满足需求……这些计划加强了我们中产阶级的地位，促进了企业和经济的发展。此外，我们可以进一步为技术工人建立通道，确保我们的工人具有满足工作所需的技能。”[13]

这项立法将有可能使爱荷华州对注册学徒制的资助增长两倍。然而，该法案将把资金投向州经济发展当局，而不是像以前那样投向社区学院。

堪萨斯州基于“早期儿童联合学徒制计划”（the Early

Childhood Associate Apprenticeship Program）对儿童保育、儿童早期教育、相关指导与教育成本提供资金补偿，包括学费、书本费和其他费用。在其他学徒制中，有资格的学徒通过劳动力投资委员会申请资金补偿。该州也促使高中把注册学徒制作为职业教育的首选途径。

路易斯安那州针对企业每年给学徒支付的工资的税收抵免达到了 1 000 美元。学徒还有可能获得补助金来抵消相关教育成本，包括向劳动力投资委员会申请在当地社区学院学习的成本。

缅因州主要是促进该州小型企业学徒制的开展。缅因州的学徒制计划建立在“从学校到工作”这条路线上，其中，初、高中学生可以与当地企业签订协议，一半时间参加基于工作经历的学习，另一半时间以传统的方式在学校学习。高中毕业以后，学生进入社区学院进行为期一年的某一职业科目的学习，另一年与企业签订协议继续在企业学习，最终取得一年制大学学习证书和劳动部门颁发的技能证书，学徒可以抵免一年学费的 50%。

缅因州也从美国劳工部获得卫生保健部门的补贴，其中包括发展卫生保健学徒制。该州也试图开发一个项目，通过学徒制使失业人员继续回到工作岗位（妇女特别援助基金）。缅因州也有与企业接轨的会计职业终身学习体系，以帮助这些人员建立基金，支持他们终身学习。[14]

2012年，马里兰州通过立法成立专门工作队，研究学徒制合作伙伴关系对经济发展的影响。该法律规定，工作队的19名成员要分析学徒制在其他州和国家的成效，包括美国的海外企业；要求对马里兰州学徒制计划提出改进建议；观察马里兰州中等学校与学徒制的联系，判定扩大学徒制是否可行。基于2014年的立法会议，马里兰州推进了众议院2207号法案，在《劳动与产业分册》（the Division of Labor and Industry）建立了青年学徒制咨询委员会（the Youth Apprenticeship Advisory Committee）。这个法案规定委员会要对现有本州、其他州、其他国家高中青年学徒计划的效果进行评估，然后审视并确认高中实施学徒制的方法、路径和手段，使企业和组织能够获得补贴、税收抵免以及其他经费以支持建立、开展高中青年学徒制。[15]

密歇根州采用传统学徒制和青年学徒制两种形式，从学校到工作的学徒制计划面向16~19岁的高中生。政府向企业提供每人每年2 000美元的税收抵免，50%作为与工资有关的成本补偿。对学习大学课程作为学徒经历部分的高中年龄学生，给予100%减免大学课程学费。[16]

明尼苏达州农村雇主接纳“实习生”可以获得40%实习生工资的税收抵免，上限为2 000美元，以工资的方式支付。[17]

密苏里州主办青年学徒制计划与之前提到的情形很类似，

即在一些学徒制培训方面给予税收抵免，例如“密苏里式劳动力培训”。

新泽西州就业培训委员会（the New Jersey Employment and Training Commission）牵头对全州注册学徒制和高等教育实施“交流中心”（Clearing House）管理。通过实施新泽西式的管理[18]，学徒能清楚全州的社区学院某一特定的注册学徒制或获取大学学分证书的内容。这些措施包括与社区学院（某些州是四年制大学）和选定的学徒制以及技能证书拟定协议，提前对协议内容进行沟通交流，促使选定学位后与25所大学进行学分互认。

罗得岛州学徒制计划是在传统的社区学院开展相关教育教学工作。在一个制造业曾经十分发达的州，制造业联合会的作用和影响力仍然很大。罗得岛州“企业学徒制税收抵免”（Employer Apprenticeship Tax Credit）政策适用于机械工具、塑料工艺流程技师学徒制。企业雇用每个学徒每年可逐渐地实施税收抵免，支付给学徒工资的50%，每年超过上年的平均数，或者每人每年4 800美元，以最低数额为准。青年或准学徒不包括在这个立法范围之内。在我撰写本书时，罗得岛州拥有大约1 400名注册学徒。[19]

南卡罗来纳州十分重视注册学徒制。在南卡罗来纳，如果学徒在注册学徒制计划中工作达到7个月的话，企业可以获得每个学徒1 000美元的税收抵免，该措施最长可持续4年。此外，南卡罗来纳彩票援助（Lottery Assistance）基金对南卡罗来纳技术学院学位证书、毕业证书、职业资格证书计划入学的学徒实施了援助。《劳动力创新和机会法案》基金也适用于注册学徒制，将覆盖教育成本、培训成本和工资成本。最后，南卡罗来纳“企业再培训信贷计划”（the Enterprise Zone Retraining Credit Program）对经批准的现有在岗工人实施学徒制再培训，企业可以获得高达50%的税收抵免。

根据得克萨斯州法律，当地政府将通过当地公共教育机构——成人教育学校或社区学院向有关学徒制教育提供补贴。当地教育机构对学徒制的主办方进行管理。

弗吉尼亚州拥有传统的学徒制计划，注册学徒制须经弗吉尼亚学徒委员会批准（我曾经代表弗吉尼亚社区学院工作）。[20]

华盛顿、俄勒冈、蒙大拿州签署互惠协议，在任何一个州都承认注册学徒制的学徒身份。

自2012年起或之后的纳税年度开始，西弗吉尼亚州对企业提供税收抵免，免税额是每小时2美元乘以学徒制工作的总学时数，总的税收抵免额可能不超过2 000美元。或者每个纳税年度抵免学徒实际工资的50%，以最低数额为准。

2013年年底，威斯康星州颁布了两个对学徒制有影响力的法案，其中一个法案对企业和学徒提供补贴。根据法案，企业可以获得每个学徒最高 1 000 美元的学徒制相关成本补偿。其他法案规定每年提供 50 万美元对威斯康星州青年学徒制计划予以补充，起到了加强青年学徒制的作用。2012 年，1 900 名学徒与 1 300 家企业获得了学徒制机会，81%的学徒毕业后在本企业就业。

与最好的学徒制比较，美国的学徒制经费还相对不足，这一点来看一看美国北边的加拿大就清楚了。考虑到变化中的美国的特质以及世界经济的变化，经济学家和政治家都赞同采取一种积极主动的方法，那就是促进必要的学徒制建设。勒曼（2009）主张联邦学徒经费政策需要进行变革；他说，2 400 万失业者或潜在失业者需要联邦政府采取行动。[21]

作为公民和纳税人，我们面临的挑战是，别人可能会听到我们对职业学校和大学的劳动力教育政策的担忧。我们需要清晰地表明，公共教育与企业之间在劳动力教育方面缺乏积极的合作伙伴关系。我们需要促进有关企业投资和劳动力培训参与度的持久政策，这些政策必须认可企业参与培训以满足他们的需要，创设真实的工作过程以支持学员在培训期间的需要；培训政策必须认可学员获得认同的需要，以及获得便于携带的证书，以确保离职员工再次求职时有能力仍然留在原岗位实现就业。我们需要自己选出的政策制定者能够看到大洋彼岸的欧洲国家和世界各地，弄清楚什么样的工作通过企业内学徒制的方式可以实现劳动力教育。

学徒制——欧洲模式

当我们谈到瑞士的职业教育和企业关于职业技术教育的话题时（或者根据他们的定义，叫作职业教育），不同的情形就出现了。首先，不像美国，瑞士公民对他们的职业技术教育体系赞赏有加，国家中的大多数青年直接选择职业路径，以职业教育的形式去工作和学习。对一个行业或企业来说，学徒就是他们经营不可分割的一部分，不仅是建筑行业，银行、企业管理、公共服务、信息技术、电子服务、健康保健等职业都可以通过学徒制的方式进行职业教育与培训。青年到16岁时，即参加职业教育，同时也接受学校教育，每周两天在学校上课，其他三天在有收入的工作场所培训，根据职业教育所涉及专业培训时间的长短，年轻人可能完成两年制的联邦职业教育与培训计划（the Vocational Education and Training, VET），取得一个资格证书，或者通过3~4年的大学学习，取得联邦毕业证书。大约有30%的瑞士企业参与职业教育与培训。公司参加主办企业的网络体系，可以使小型公司能够以比较经济的方式加入职业教育与培训中来。职业联合会和创业联合会制定培训标准，在学校、学徒和开展职业教育与培训（VET）的企业之间搭建桥梁，当地政府提供经费并监管。继续深造的路径包括获得大学学位，这条路径也向完成学徒制培训的瑞士青年开放。很多欧洲国家、澳大利亚以及其他一些国家都采用这个体系。

国外学徒制的经验与教训。我们可以通过观察和学习其他国家、其他民族的经验和教训，从开放的经济和自由企业的特征中找到诸多事情的解决办法。以澳大利亚为例，该国当前有超过 2 200 万个充满活力的经济体。据报道，2011 年澳大利亚大约有 44.9 万名契约学徒，其中大约有 4 000 人在私有企业注册接受职业教育与培训——相当于美国社区学院体系的学徒数量总和。这 44.9 万学徒相当于澳大利亚劳动力人口的 3.7%，相比美国的学徒数量，只占到劳动人口的 0.7%。美国以培训为目的的学徒以合同的形式签订协议，获得比熟练工人工资低 50%的收入（有些加上福利）；如果培训过程令人满意，该工资收入可能会逐步增加。澳大利亚对开展学徒制的企业的补偿金额是每个学徒 4 000 美元——这是单次培训的金额，加上首次签约的 1 500 美元和培训结束的成本支出平衡经费补贴，联邦政府还提供其他与学徒直接相关的补贴，例如工具和住宿补贴，州一级的政府和地方政府也向企业提供一些当地的经费资助。[22]

加拿大的经济与美国经济很类似，都是知识型经济。加拿大学徒管理是以省一级和地方一级实施。招收青年进入企业和技术领域是一项非常具有挑战性的工作，这与美国非常相似。

企业招聘和培训是加拿大学徒制的主渠道，与美国情况有所不同的是，加拿大学徒制通常是岗位培训和课堂学习轮换进行，课堂学习可以是6~8周时间，然后是岗位培训。学徒制为期2~5年不等。加拿大对大约300个行业和高技术领域予以认定（www. caf-fca. org），学徒制比美国发展迅速。[23] 根据报告，到2010年年底，加拿大拥有327 339名注册学徒，参加相关职业教育与培训的学徒数量也增长了很多，大约是中学阶段后招收学生的20.7%，这是一个非常巨大的成就。

加拿大政府对于作为工人培训的一种形式开展的学徒制培训的投入非常大。据报道，80%的经费用于企业主办学徒制培训。每个注册学徒从国家层面上，政府平均投入数量是1 288加元。此外，其他用于支持学徒培训的补贴和资金也很多，包括政府用于“红章”领域的2 000加元补贴和完成学徒培训后额外增加的2 000加元补贴[24]；学徒可以从企业应缴纳的税费中减去培训工具成本，每年可达500加元；学徒学费可以获得税收抵免，包括职业资格证书考试费用[25]，学徒也可以获得省级层面在培训期间给予的工资性收入。

企业也能获得省级奖励，包括“学徒工作创新税收抵免”（Apprenticeship Job Creation Tax Credit），每年2 000加元，最高享受两年。根据“企业签订学徒制奖励”（Apprenticeship Employer Signing Bonus）的规定，企业签订学徒制协议，奖励2 000

加元。根据“学徒培训税收抵免”（Apprenticeship Training Tax Credit），安大略省政府在企业开展学徒制的前四年，给予学徒工资和福利的 35%~40%，或者最高 4 万加元的奖励。[26]

英国的学徒制和实施程序具有非常悠久的历史，是建立在指导体系之上的学徒制。美国的学徒制体系根据英国的体系发展而来。在过去的十年或者更长的时间里，英国已经或正在制定政策和开发程序，以更新和修订学徒制体系；还有其他措施使该体系更现代化，以便更好地为英国企业服务。国家学徒制服务中心（the National Apprenticeship Service, NAS）于 2009 年建立，隶属国家教育和就业部（the National Education and Employment Ministry）。该联邦机构全面负责全国 76 个学徒制计划框架内容的实施和标准的制定；协调 73 个国家培训组织，以识别具体的培训框架内容；指导 47 个学习和技能委员会组织当地部门建立学徒制基金。[27] 政府对培训提供者，根据年龄和学徒的具体情况给予补贴。例如会计技术员，16~18 岁给予全部资助，向培训提供者给予 100% 的成本补贴；19~24 岁的学徒，补贴成本的 50%，剩余部分由培训提供者承担；学徒超过 25 岁，补贴 40%。[28,29]

德国的学徒制也起源于 9—13 世纪的指导体系。对劳动力培训的学徒制体系历史非常悠久。德国拥有欧洲最大的经济体——也是全球第四大经济体。尽管有些人会说，德国的学徒制只适用于集体谈判和服务于工商联合会，但是，仅有20%的德国工人代表了集体谈判和工商联合会。[30]

在撰写本书时，德国企业有150万名注册学徒，代表了劳动力总人口的3.7%，德国的学徒被视为工人，他们的工资通过谈判而确定。德国的企业承担学徒制的所有成本，政府对学徒制没有任何补贴。然而，地方政府对职业学校提供学徒制部分课堂教学补贴。[31]

法国与德国相似，学徒制可以追溯到中世纪。然而，法国对企业学徒制实施了税收优惠，也有地方基金用于支持企业开展学徒制，这要根据学徒的年龄而定。学徒工资不能以社会保险费的方式来抵免，相关教学（脱离工作的培训）由私有组织、贸易组织和商会等组织来承担。[32]

在欧洲，国际劳工组织强调，政府不应该从微观层面管理学徒制。政府是学徒制的促进者、监管者，这样以保证所有的参与者、社会伙伴——企业、学校、劳动组织、创业协会在共同的利益下统一行动。监管者应尽量减少与注册学徒制或正式学徒制体系有关的官僚主义。国际劳工组织坚信，每一个独立的单位都应该建立制度，促进工作和实施监管。国际劳工组织在过去的几年中积极促进欧洲学徒制的开展。[33]

美国学徒制现状

基于以上信息，我们怎样认识美国的学徒制体系呢？与其他国家学徒制的成功经验相比，我们应该怎样加强本国的学徒制呢？

- 美国缺乏具有凝聚力的学徒制体系。

尽管美国有一套联邦法律对工作程序、补助规模和企业工作环境都做出了相应要求，然而有一半的州直接通过它们的劳动部门、教育部门、经济发展部门管理法令，其他州则服从联邦政府的管理，这就形成了整个国家差别化的管理模式。瑞士、加拿大、英国、法国，还有其他国家都是统一管理学徒制计划（大多数国家是分地区对学徒制实施管理）。

- 美国州一级的奖励办法（包括对企业和学徒实施税收抵免和学费补偿）有很大的差异，比如有的州没有任何激励措施，而南卡罗来纳州有慷慨的补偿方案。

大多数有基本标准的国家拥有一个机构代替政府承办相关教育活动，而企业或学徒无须耗费成本。一些国家，如加拿大，对企业和学徒给予更多的资金补贴，以鼓励双方参与学徒制。

- 美国、加拿大，还有其他一些国家，提供联邦、州/省级相关教学的补贴和奖励。

英国和法国提供脱产制自由高等教育。美国社区学院如果对学徒制相关教学和学位学分在州一级或跨州有经费机制的话，它们会特别愿意加入学徒制。

• 我们没有更早地使学徒制深入到青年人中去，以让他们了解获得学徒制和大学学位对他们的好处。

大多数州已经建立青年学徒制。很多州的教育部门均设有学徒制办事处，而这些管理机构之间几乎没有协调工作，这加大了学徒制培训机会的推广难度。欧洲的学徒制经验告诉我们，早一些深入到青年人中去，让他们尽早对未来职业做出选择，只有这样，学徒制培训才更有可能成功。

• 在美国，大量的学徒制培训通过多个建筑行业得以实现。只是最近才开始建立与健康职业有关的学徒制，在这些领域之外几乎就不存在学徒制。

然而，世界其他地方的同行已经广泛地在经济领域的职业中开展学徒制，澳大利亚拥有行业技能委员会，负责监管森林、制造、电子、通信、建筑、产权、能源利用和健康职业。加拿大在“红章标准计划”（Red Seal Standard Program）中列出了300个职业。瑞士与以上两个国家的情况非常相似。

• 美国行业协会在学徒制参与度方面差异巨大，有些确实公布了工作程序标准，可以用于学徒制计划设计，然而在某些职业或行业，这样的标准不存在。同样地，行业资格证书也存在差异，它们并非美国学徒制规范的统一标准。

瑞士、英国、德国和其他一些国家拥有工作体系或者由手工艺协会来明确并管理工作程序标准，指导学徒制培训，他们非常看重工人的工作能力和标准化。

- 美国并没有一个基于行业的区域组织来迎合社区里的学徒制市场化。

瑞士、英国、澳大利亚以及其他国家均拥有一个区域组织或行业组织在青年人和企业中营销和推广学徒制，并将青年人和企业整合在一起，提供一个行政运营结构。学徒制培训机会的营销以及类似的工作都在该层面完成。

- 在大多数国家，企业负责学徒的工资，而其他福利由相关各方通过税收抵免的方式承担。

美国企业需要认识到对员工教育与培训方面提前投资的价值，这确实是个很简单的道理。

2009 年，勒曼对企业奖励政策提出了一些建议，对于劳动力培训，政府应该更好地促进学徒制的建设。[34]

- 应不断增加对企业的资金补贴，扩大学徒制或促进开展首次学徒制培训。
- 投入资金，通过企业、企业联合会或州一级学徒制机构（劳动部门）使学徒制市场化。
- 根据现在的比例，不断增加对企业的税收抵免；同时也需要州一级学徒制机构不断加强技术援助，帮助更多的企业参与和实施学徒制；援助可以基于社区学院展开。

对上述建议我想增加两点：

• 劳动力投资委员会的行动要以国家层面为中心［也许是国家劳动力联合委员会（the National Association of Workforce Boards）］，加强和促进劳动力委员会积极参与学徒制，推动学徒制的开展；对所有认定的职业和技术领域的技能，企业以注册学徒制的方式对员工开展培训。

• 根据社区学院、劳动部门、劳动力委员会、企业联络处对企业进行的技术咨询表明，要认真考虑如何使用一系列资金（包括税收抵免、补贴、优惠代用券、学生补贴）来弥补企业岗位培训、学位教育以及与培训有关的成本。

第四章　21世纪学徒制

我写这本书的目的是希望帮助企业找到拥有技能的工人，促进青年通过培训找到好的工作，希望该书在这些方面能起到催化剂的作用。学徒制是最好的解决办法，所以我期望，启发企业和青年，通过正式的岗位培训关系获得双赢。社区学院起到了启蒙与纽带的作用。

大多数父母和青年人一直认为大学是他们成功和积累财富的唯一途径，但是现在有了新的选择，学徒制可以帮助他们获得技能、一份拥有体面收入的职业以及大学学位，为什么不尝试这样的途径呢？这些都由雇主来买单，毕业时也没有教育贷款等着你偿还。

请考虑一下，在未来的十年中，约有45%的工作将是中等技能的工作，需要比高中学历高而比四年制大学学位低的教育背景；而且，这些都是优秀的、令人尊敬的职业。

2008年，在全球经济大萧条高峰时期，美国有1 500万失业人员，另有900万人处于潜在失业状态。几年后，美国宣布走出了萧条，如果求职者没有适合的技术满足经济发展对技术人才的需求，就很难找到合适的工作。

青年人需要更清楚地认识到，随着技术的变革和经济发展的变化，随之而产生的就是新职业领域的出现，例如机电一体化技术领域（电子、计算机科学与机械的融合）在制造、汽车和其他方面变成了高收入需求的领域。[1] 考虑到美国人口老龄化的到来，其他现存的职业，例如健康保健领域的配镜师也是很有前途的职业。如果有两年的学徒制经历和高中毕业证书背景，配镜师的年收入可以达到33 300美元。据预测，到2022年，在这一领域将有2 390个职位空缺。根据Mathematica软件的计算和研究结果，在人一生的职业生涯中，青年通过学徒制进入技术技能型劳动力市场，比没有经过学徒制培训的人要多收入25万美元。这些需要中等技能的职业将保持美国的经济向前发展，使美国人的生活方式充满活力。经济学统计表明，在实施学徒制后的几年里，学徒的平均收入将是同期社区学院取得大学学位毕业生收入的6倍。因此，通过学徒制走上工作岗位，同时获得大学学位，从经济学角度来看收益十分明显。

让我们克服对注册学徒制特别是中等技能职业学徒制的错误理解。在机械加工店、汽车修理店，设备维修不再是在肮脏、阴暗或潮湿的环境下进行，而是在有空调、有卫生设施的条件下进行。工作可操控，环境必须保持干净。对几乎所有的职业来说，学徒制是最理想的培训。

很多中学和大学毕业生（或者辍学生）拥有文凭和劳动技能却不能找到理想而适合的工作，然而在这个过程中，他们积累了难以想象的债务：平均每个学生高达3.2万美元或者更多。从第二次世界大战后婴儿潮时期起，世界发生了很大变化，一种新的就业路径呼之欲出。

有人可能向年轻人提出以下问题：你是否和我一样相信，一名电气工程师或电焊工、一名助理护士或消防员、一名保健员或助理兽医所做的工作与一名律师或会计师的工作同等重要？你是否有动力在熟练工人或大师的指导下掌握一门职业技能，同时获得大学学位和行业证书？下面所列的激励政策对你，或者对某个刚进入高中高年级学习或者高中刚毕业没多久的人来说，是否有足够的吸引力参加学徒制培训呢？

- 毕业后有保障的工作。
- 学校教育有补偿。
- 在岗位培训过程中同时获得适当的收入。
- 获得福利（医疗、牙科保健、带薪休假）。
- 得到旅游机会。
- 从劳工部获得学徒制的职业资格证书。

- 在技术领域获得大学副学士学位。
- 经过学徒制培训后获得大约3.4万美元的收入。

从事高中指导的人员要认识到，对一个人的职业进行指导与服务是非常重要和高尚的。对青年如实而真诚地提供咨询非常重要，例如要对学徒制企业联盟的招生做如实的宣传和推广。高中指导咨询员要启发高年级学生到高技术、高收入的职业中去参加学徒培训和获取大学学位。[2] 要确保学生像了解四年制大学学位那样，真正而清晰地了解注册学徒制。

也许答案非常简单，可以在古老的作品中找到。早先，学徒制主要是师带徒的培训方式，世代相传，青年学徒因此掌握一门手艺，学习一门技术，成为熟练工人。为什么在我们当今所处的世界不起作用了呢？如今，企业管理可以应用学徒制作为培训方式，去克隆企业快要退休的优秀工人的知识与技能。

谁是潜在的注册学徒？

通过学徒制进行劳动力培训可能适合于下列几组人群：

（1）面临从高中到工作转换的高中高年级的青年，以及年龄在18~25岁之间且刚进入劳动力市场的青年。

通常，刚参加工作的年轻人，从事的是没有什么技术含量的工作，很快他们就变得不那么满足了，他们要去寻找一份更加令他们满意、更加理想的工作，或者说是去寻找一个好的职业。在北卡罗来纳州，根据“学徒制2000计划”（Apprenticeship 2000），企业联盟给高中生提供各种职业选择和注册学徒制机会。作为一种工作机制，对现有优质工作所需的技能开展培训，同时可以获得大学学位。同样地，在健康保健领域，如罗切斯特通用健康系统（Rochester General Health System），企业深入到本地区高中学校，给学生提供初级健康保健职业领域学徒制机会。

“学徒制2000计划”的招募与筛选

北卡罗来纳州“学徒制2000计划”是一个企业驱动的注册学徒制计划。在招募、测试、评价、试用、观察等所有环节，企业都会对学徒做认真选择。

在高中三、四年级，学生向学校咨询员递交材料时，选择程序就开始了。咨询员与“学徒制2000计划”的所有企业直接联系，企业对咨询员进行培训，使他/她知道每个企业需要什么样的学徒。高中咨询员也已经由企业联合会进行了面试和培训，他们能让每个企业都了解什么是学徒所关注的。咨询员根据提前制定的标准对学生进行审核，审核项目包括英语和数学分数、所有高中科目的平均分（Grade-Point Average, GPA；须达到2.5分或更高）、出勤率以及在校表现等情况。那些在第一关被筛选出来的学生，还必须参加一系列测试——技术数学考试、机械能力测试和其他就业筛选。在第二关被筛选出来的学生，被要求进行为期6周的暑期企业实践，其中也包括在社区学院——皮埃蒙特中心社区学院（Central Piedmont Community College）学习两门课程。根据暑期计划的经历和成绩，在高中毕业时，学生被参加计划的企业选为注册学徒制学徒。这一过程比申请上大学更为严谨，也更富有成效。

（2）下岗、失业、潜在失业人员进入或重新进入劳动力市场，以及在岗工人转岗培训。

根据新的《劳动力创新和机会法案》建立了劳动力创新委员会。委员会的委员们认为，针对现有高技术、高需求的职业，学徒制作为对下岗、失业、潜在失业人员培训的手段，其岗位培训的价值是显而易见的。

（3）退伍转业的老兵。

当我们讨论谁能从学徒制中受益时，退伍老兵是我们首先考虑的重要群体。老兵应该向企业联合会、其他主要劳动组织或者老兵协会寻求帮助，确保福利待遇用于注册学徒制；劳动力投资委员会可以帮助老兵参加注册学徒制的培训。

（4）有特殊需求的劳动者。

身体残疾或有智力缺陷的人员是另一类可以受益的群体。学徒制能够帮助这些残疾人获得最大限度的能力和实力去从事有报酬的工作。

(5) 对于妇女和非传统行业的劳动者，学徒制是使他们获得优秀职业的理想途径。

让我们更密切地关注这些群体。当今的青年和年轻工人有他们自己的需要，有些需要与过去人的需要相比十分相似。

- 他们想知道学习的相关性，需要知道在学校所学的东西与未来的生活有什么关系。
- 他们需要知道事物的恰当性——教育不能复制不恰当的课程和材料。
- 他们需要通过教育目标的实现，满足生活的需要和迎接各种挑战，包括家庭需要、社会活动和对社会的贡献。
- 他们资金有限，需要一边工作谋生，一边上学。

今天，不是所有的青年都去追求四年制大学学位，也不是所有的职业都需要四年制大学学位作为入职门槛。我想再一次重申，未来几十年里，美国经济所需要的是大约48%的中等技能职业领域的岗位人才，他们需要具有比高中学历高但比学士学位低的教育背景。此外，到2020年，1/3的工作将需要某种形式的高中后学历，而不是学士学位。例如，需要通过学徒制取得与行业有关的学位、职业资格证书或者行业证书。[3] 事实上，由于缺乏潜在工人去从事那些传统的职业岗位，使得大量岗位出现空缺。根据《2013年人力资源短缺调查》(Manpower's

2013 Talent Shortage Survey)，40%的美国企业抱怨劳动力市场缺乏有用的人才。[4] 布鲁金斯研究所（Brookings Institute）的研究表明，当前大约有1 000万人失业。然而，由于缺乏有职业资格的劳动者，大约有400万个工作岗位空缺。拥有技能的手艺人收入待遇特别好，即使不好，也会与入门级一般职业所取得的报酬相当。

美国副总统拜登曾经谈到有关注册学徒制大学联盟（the Registered Apprenticeship College Consortium）的行政管理，包括社区学院、企业、工会和行业组织要联合起来，一道促进青年注册学徒制和大学学位教育。[5] 涉及的职业包括住宅电工、商业电工、木工、建筑工、公共安全人员、各类健康保健技师，以及与之类似的职业。如果企业如此选择的话，几乎所有的职业都可以实施学徒制，包括律师、会计师和企业管理人员。就像我们从欧洲和其他国家学习到的经验，技术性的职业不仅仅局限于中等技能领域。学徒制是对大多数现有职业进行培训的良好途径。大学学位也可以作为企业、社区学院和注册学徒制合作的组成部分。有些企业，如美国的德特威勒公司（Daetwyler USA），他们的学徒已经从机电工程技术大学副学士学位升到工程学士学位，达到了技术员向工程师的转换。事实上，具有学徒背景的工程师成为非常有价值的雇员，他们会更好地理解他们所承担的工作。

通过动手能够更好地学习。没错，很多人通过直接应用与知识有关的技能，能够更好地、更快地掌握新技术。模仿老师是最好的学习方式，他们观看技术人员操作，然后自己去完成任务。如果有需要，老师有时可能会给予一些纠正。动手的学习方式能使学习技术和有关知识变得更加容易，对于那些不善于“书本学习”的学生，动手工作更容易让他们掌握实践技能和有关理论。进行与所做工作直接相关的课堂学习，也能让学生更容易掌握相关知识，这就是为什么要实施学徒制教育的原因。学徒制通常被定义为“及时培训”，它的培训动机特别明确。学徒制的学生毕业率非常高，所以，学生完成学业和毕业成为熟练工人的概率也非常高——与社区学院相对较低的毕业率相比。很多研究表明，学徒制是中等技能职业学习的最佳方式。1999 年，通过对爱尔兰学徒跟踪研究发现，通过结构化教学学习（structured learning）的 7 500 名学徒中，有 74%的学徒完成了学业。[6]

财务状况——投资与回报。传统的高等教育成本不断攀升，同时，政府支持的学生贷款不再容易获得，或者说，要想维持这些贷款，政府往往要付出较大的代价。当今，青年人已经变得非常痛苦，他们必须认识到自己为了上大学需要谨慎地向大学借钱。我第一次认识到，业内人士提出的大学学位价值的问题。传统的四年制大学学位投资回报能够有保障吗？当然，问题的答案取决于学习什么领域的专业。而学徒制可以被看成是全额奖学金学习，另外，学徒口袋里还有工资收入。实施四年制注册学徒制，企业需承担的平均成本是17万美元，包括支付给学徒大学副学士学位的费用，这些都可以被看作是奖学金。

我们大多数人都知道，年轻人需要或者想要一边上学，一边挣钱。学徒制正好提供了这样的机会，让学徒挣到实实在在的工资。有的人从第一天开始参加学徒制培训，就可以挣到相关职业领域熟练工人50%的工资。这是一种渐进性工资机制：努力工作，完成工作任务，每6个月就可以增加薪酬。你可以用企业提供的福利吗？可以。很多企业也提供给学徒一些福利，包括通过学校和学院提供相关培训。对失业或下岗人员来说，这是一个再培训的良好机会，以获得一份长期稳定的工作。学徒制中的学徒也可与当地的社区学院合作，申请联邦和州一级的资金支持，作为除工作所获工资之外的额外补助。你是退伍军人吗？退伍军人可以享受额外的补助，包括所学课程的成本补贴，如书本费、学杂费以及其他相关费用，这还不包括企业补贴部分。因为退伍军人在部队接受过军事培训，所以他们可以在学徒制中获得高级培训待遇。当然，参加学徒制除了获得经济利益外，学徒毕业后还可以获得优质的就业前景，并且不再有深不见底的学生贷款债务负担。

学习和工作的最佳选择。学徒通过学徒制和社区学院合作接受教育与培训，同时取得大学学位证书，其价值和意义非常重大。从两年制学位教育的要求来看，一部分内容可以通过学徒制来完成，节省大量的学费支出，还能在工作场所学习过程中不断积累学分，同时还可以获得经济收入，这令人十分满意。我们从英国、德国和其他一些国家学习了解到，学徒制可以超越传统的行业或职业，同时，学徒的文化程度可以达到学士甚至是博士的水平。例如在欧洲，学徒可以作为会计技术员和管理人员去工作。

如果大学学位建立在所学专业的基础之上，而这个专业又是社会和企业现在需要的，这样的高等教育就是一个好的投资，这就是社会和社区的供需平衡。一些人选择专业或课程去学习，是因为他们知道，有人在那个领域工作，那个领域很有吸引力，也很光鲜。很多学生都子承父业，也许他们是想去实现父辈的梦想。然而，如此选择课程，对当地的就业市场并没有去观察和研究，一旦完成学业，毕业以后，学生会沮丧地发现没有工作机会在等着他们。通常出现的情况是，企业在职业学校或社区学院招聘技术工人，而他们所学的技术或职业不再是企业所需要的了。有时，我们为了工作去学习的课程或者专业，是我们社会不需要的。作为准学徒接受培训，正如我们很快会讨论的，是学生获得职业指导和提高职业意识的最好方法。

学徒制是对现有的工作技能进行培训，学生作为学徒被招聘去完成工作任务。要想成为学徒，其入门要求也是很高的，也不是一件容易的事情。很多学徒制需要对申请者的基本技能进行测试，并需要面试，有些还需要申请者满足“新的基础”（四年的英语学习、三年的数学学习，以及具有科学和社会科学的学习背景）要求。

最理想的是，作为学生的学徒需要达到大学入学的数学和英语考试成绩，以满足大多数职业资格和相关课程的学习需要。根据我的经验和本书中我的一些研究，这通常存在一定的困难。如果不能满足这样的要求，那么企业、学院、基于社区的劳动力准备组织，以及学徒制可以为学徒开发出一项补救措施以弥补学徒们学术知识上的不足，帮助他们取得大学学位或者职业资格证书。

对学徒学术知识上的补充，需要做好科学、数学以及语言艺术之间的平衡。我记得我去纽波特纽斯造船厂学徒制学校时，查看了他们的入学申请。我注意到，入学要求中有需要学生完成几年高中数学、科学等学习的规定。学徒制像大多数学术和技术大学入学要求一样严格。同样，密歇根 MAT2 和北卡罗来纳州企业联盟都需要有良好的高中学术科目的成绩。

一旦进入学徒制企业学习，你就开始学习像艺术一样的技能，在该领域大师的指导下学习当今技术。注册学徒制与大学学位有机结合，这对于正在任何技术或专业领域求职的年轻人来说，都是十分有效的。注册学徒制对员工就业是一个有效的途径。

我们看一看罗伯特·勒曼（2009）对劳工统计局（Bureau of Labor Statistics）的数据分析研究，他发现针对当前可以开展学徒制的职业，在2006—2016年间可以创造出800万个就业岗位，预计每年能够创造78万个。他指出，这个数据比2006—2007年社区学院相关学位毕业生（72.5万人）的数量要大得多。[7] 这是因为在制造业领域缺乏相关技能人才，造成超过10万个工作岗位空缺。劳工统计局预测，到2020年，这一数据会上升到87.5万个，增加的相关工作岗位空缺集中在健康保健和技术领域。

新的青年学徒制运动——从高中到注册学徒制和大学学位

你认识的人中有没有孩子在高中就读呢？无论是初中还是高中，通过准学徒制学习可以使年轻人获得适合社会需要的技能、职业探索的机会、成人职业生涯的开端。精简教育过程很重要，如果学生在这个过程中尽早地（在中学阶段）掌握职业技能，为了最终的教育凭证花费一些时间获得学分是最好不过了的。正如大多数州的学徒制计划都有参加准学徒制学习一定时间而获得学分的法定条款要求，这使学生步入正式的学徒制计划成为可能。我在 1997 年首次提出[8]，要尽可能地利用好中学阶段的教育，特别是很多青年人过完中学阶段的一半时间就已经完成了高中规定的所有课程，导致之后的一半时间被浪费掉。

勒曼和庞西（Pouncy）也提出国家的教育政策应该尽早地在公立学校八年级时引入青年学徒制课程作为职业意识课程。在十年级时，学生可以决定是否通过纯粹的学术路径完成高等教育，或者从中学开始三年制的正式学徒制学习，最终完成社区学院的学业。[9] 当然，这种“双轨制体系”是从德国借鉴来的。

正如你我过去的痛苦经历一样，青年人（有时并不是很年轻的工人）需要有机会学习如何在团队中有效地工作，在工作场所与他人共事。也许在进入 21 世纪的第二个十年期间，对于一个工人来说，团队合作将成为最大的核心技能。在我们学院的管理过程中，通过与企业交流，我发现这个问题已经成为企业董事会一致反馈的信息。学生不能花费足够的时间在团队中为共同目标而工作，董事会成员对此表示担忧。也许线上学习和计算机学习的时代加剧了这样的不足。作为学徒，通过工作促进了这种技能的掌握，因为在所有的职业岗位上，与其他工友一起在工作场所中工作，可以获得真正的基于工作的经历。我们如何为更多的年轻人参与学徒制培训铺设更为宽广的道路，使他们能够在高中完成学业并毕业呢？正如奈恩（Nyhan）所谈到的，工作场所为青年人提供了一个“积极学习”的环境，使他们拥有更多的实践方式来获取知识和技术。[10] 对于那些不擅长坐在教室里以传统方式学习的学生来说，在工作场所学习能够把他们调动起来，学习的东西立竿见影，学徒制正好契合了这一点。

让我们开始吧——准学徒制。准学徒制被认为是美国劳工部国家学徒制计划的组成部分。[11] 然而，各州开展准学徒制的方式依然存在差异。康涅狄格州不要求企业承担职前学徒制培训责任，而缅因州则需要。但是，康涅狄格州为参加机床设备职前学徒制计划提供税收抵免。

从历史的角度看，通过职业教育的方法来解决诸如技术准备（Tech-Prep）的问题也是选项之一。技术准备是 20 世纪 90 年代美国教育部门的一个倡议，它涉及企业和社区学院的伙伴关系，提供给年轻人学习机会而获得经历。首先是工作的世界；其次，就是从学校到工作，为高中毕业生积极参加注册学徒制提供了成功的经验。在撰写本书时，联邦政府通过美国劳工部和教育部提出了青年学徒的新目标。这个倡议的目标是在高技术和新兴产业领域通过学徒制学习，搭建从学校教育到工作世界的桥梁，这被定义为“21 世纪青年学徒制”。

学生及其家长都同意签订书面协议去接受培训，不论培训时间是放学后的业余时间，还是假期的非学习时间。对企业来说，这是个特定的时间。企业也同意签订相应的协议，在特定的时间、特定的领域或岗位提供正式的培训，与学校保持协调一致。企业也会给学生指定熟练工人或者指导教师作为专人帮助学生。薪资按协议规定执行，薪酬不得低于州一级职工最低工资标准。最好的情况是，学生完成高中学业参加全日制学徒制教育，在已经掌握的工作技能的基础上继续学习。[12] 例如，康涅狄格州 90%的注册准学徒在完成高中学业后继续参加全日制注册学徒制的学习。

对于很多年轻人来说，学徒后的继续教育成为现实问题。对于那些高中学习并不优秀的学生来说，通过工作本位的学徒制学习，他们的学习注意力集中了，变得比以前更好了；他们对实现目标的能力更加自信，对所需的知识、理念更加自信。

下岗和失业人员成为学徒

21 世纪的经济和劳动力的现实是，我们不再可能始终保住同一岗位，企业也不可能为我们提供终身职业。在我们职业生涯的某个阶段，有可能被企业“裁员减掉、招聘替换掉或者被直接辞退掉”，或者我们自己可以选择换工作。全国有大量的不同课程在当地社区面向下岗和失业人员开放，以加强就业和再就业培训。在联邦层面，有 2014 年新出台的《劳动力创新和机会法案》作保障。同样，沃克布勒斯有限公司（the Workplace Inc.）是位于康涅狄格州西南地区的当地劳动力投资委员会，它就开展了上述工作。下岗人员可以得到支持与帮助，包括高中同等学力证书（General Equivalency Diploma, GED）教育、儿童护理助理教育、职前教育咨询等，这些都可以帮助他们为参加注册学徒制项目做准备。企业可以有效地利用注册学徒制在新的领域对现有职工进行再培训，经过培训后的人员是企业所需要的。所以，雇主可以对忠于本企业的员工进行再培训，尽管这些员工已有的技能不再有用，但是，一旦新的工作岗位有需要，它们依然可以派上用场。沃克布勒斯有限公司能够把潜在的企业与想参与学徒制培训的人员有机地结合起来（特别是萨拉托加社区学院的劳动部门体系和新泽西州格洛斯特郡维莱尔国际商务学校），它们积极促进下岗和失业人员参加注册学徒制再培训。最近，美国退伍待安置人员也可以从基于社区的劳动力组织处获得帮助。

多元化的美国

目前，我们的社会较以往更加多元化。占人口多数的并非白种人，而是西班牙人、拉丁美洲人、黑种人以及年轻的亚洲人，他们在寻找就业机会，企业也在寻找他们。根据就业数据显示，受教育程度不高的青年、失业人员，在当前的经济衰退恢复期内，还没有尽快地恢复起来。无论是雇主还是员工，学徒制都是最好的招募资产。

我注意到了这里存在的问题与挑战。尽管年轻人到当地劳动部门去表明自己希望成为学徒的愿望，而更多的情况是，劳动部门让这些青年人走出去，看看哪个企业愿意接收他们，而企业也不见得就立即接收他们。这就令人不可接受，这样的现象需要做出改变。企业联盟、商会、学院以及政府需要走到一起，以促进学徒制培训的开展。

然而，我们可以从美国几百年对公共教育的规定和监管中得知，政府必须确保这个学徒制体系的存在，必须保障美国学徒制的质量。

在美国的学徒制中，我们确定已经拥有一些非常优秀的模式。国际电气工人兄弟会（International Brotherhood of Electrical Workers,IBEW）的国家电气工人学徒制计划就是一个很好的例子。这是一个五年制注册学徒制计划，专门培养商业电气装配技师。评价措施与该计划密切关联，每隔 6 个月对学徒进行一次评估，以确保学徒制工人的能力水平和学习质量。学徒通常在当地社区学院注册以取得大学学位，同时在企业注册参加电力技术培训。根据相关文件指定的评价措施学徒被评价合格以后，可以获取大学学位学分。美国教育委员会也将对工作本位学习和学术知识的学习部分进行检查评估，然后对他们取得的大学学位学分予以认定。

从退伍老兵转换到劳动力

退伍老兵也可以从注册学徒制培训中受益。老兵的福利涵盖学徒支付的自费部分和企业不予支付的部分。有一些如联合会这样的专门组织，它们会为愿意参加注册学徒制培训成为熟练工人（包括水暖工、管道装配工、采暖通风与空调技师、自动喷水灭火装配技师等）的退伍老兵提供帮助。[13] 这些信息应该让现役军人了解，应该通过会议在准备复员的人员中予以宣传。如果这些军人在我所在的城市驻留的话，我会定期去给他们讲社区学院课程，帮助他们做出选择。老兵可以要求部队提供与学徒制相关的部分课程和培训，以此完成社区学院职业资格证书和大学学位学分的相关要求。[14]

特殊需求的工人

你是否认识残疾的、正在寻找工作或要更换企业或者职业生涯的人？注册学徒制也许是他们正在寻找的机会。过去，身体或智力有残疾的人被限制去工作场所学习技能，企业雇用他们也受到限制。学校或者基于社区的组织是他们的“庇护所”。

然而，随着新认识、新机会的出现，这些残疾人应该融入主流社会中去，参加美国21世纪学徒制，充分发挥他们的潜能，在工作场所中获得成功。

对于残疾的年轻人来说，转换计划是青年“个性化教育计划”（the Individual Education Program, IEP）的组成部分，这在联邦法律中有所规定。尽管在“个性化教育计划”中要求的转换计划的开始年龄是16岁，但很多专家认为，这个计划实施的适用年龄应该再早一些，最早于14岁开始。第一步是评估兴趣爱好、态度认识以及能力水平，然后是做出具体的活动计划和选择适合学习的课程。

华盛顿特区领英学院为失业人员、待岗人员在建筑领域提供准学徒制计划。这是一个为期9周的课程，为学生做好工作技能准备，以便为进入全日制学徒制学习提供机会。[15]

妇女及非传统劳动者

注册学徒制也正在变成促进妇女迈入工作场所被认可的培训计划。这在以前对女性工人来说是非常困难的。“妇女学徒制及非传统职业”（the Women in Apprenticeship and Non-Traditional Occupations, WANTO）为妇女提供180万美元的资金资助，帮助她们进入那些非传统职业岗位搭建桥梁。在过去，这些非传统职业岗位并不欢迎女性员工。

社区学院和学徒制——学位和熟练工人职业资格证书

在撰写本书时，美国社会和技术学院以多种不同的方式参与到注册学徒制中来，有些学院没有直接从企业到学院的联系。然而，这些学院将重新审视学徒或熟练工人岗位培训构架，尽可能地考虑“优先学习”或“生活经历”对学院信誉的影响。利用美国教育委员会的评价标准，或者应用当地事先学习评估（Prior Learning Assessment, PLA）议定书中的条款，他们将重新审定课程结构和内容。

有些学院与企业或者企业联合会签订协议，把企业或者企业联合会作为相关教育与培训提供者，这样，学徒既可以在工作场所学习，又可以通过相关教育与培训获得学分（通常是营销数学、应用科学、行业技术、历史等）。

还有一种情况是，社区和技术学院全面管理和支持企业学徒制计划。威斯康星州社区技术学院对支持学徒制计划具有丰富的经验，正如在我早期的作品中所阐述的，威斯康星州的16所技术学院中，每一所学院都通过劳动部门招聘学徒制学生，帮助他们注册，使他们成为学徒。在学徒制实施期间，对相关教育与培训予以支持。[16] 我将在另一章中进行更具体的论述。

并不是所有的大学都需要四年时间（或者甚至两年时间）的学校教育。很多具备资质的学院为成人学习和终身学习以及与学院课程水平相当的工作经历量身定制。这些生活和工作经历可以等同于学院教育的学分。我将做进一步的论述，因为它与学徒制的经历和大学学位密切相关。

坐落于纽约的国际电气工人兄弟会与帝国州立大学有着长期的联系。其中，学徒在工作之余参加大学学习，达到学徒制相关的培训要求，获得大学学位学分，以进入美国科学院进行大学学位课程学习，然后取得理学学士学位。威斯康星州社区技术学院与海洋喷雾格兰伯里公司也有类似的合作。还有很多例子，此处不一一列举。

学生和终身学习

注册学徒制如何利用以前的生活经历、所取得的行业职业资格证书和注册学徒制经验来申请大学学位呢？美国教育委员会作为一级政府组织，为各类工作本位学习、终身学习、高等教育搭建桥梁。美国教育委员会开发了一系列工作程序，由区域高等教育认证机构认可，学院、大学对工作场所培训进行全面评估，对高等教育学业情况予以登记。学徒制是美国教育委员会审核和认证的领域之一。就国际电气工人兄弟会五年制电气设备安装学徒教育而言，前两年是与大学学位有关的岗位培训部分，大学副学士学位和学分由美国教育委员会审核和认证。很多大学授予两年制全日制技术专业学徒制岗位培训的学位学分；事实上，这是学生期望完成学位课程学习的同时掌握一门技术的主要动机。

需要获得便携式证书

当今的工人，为了从一个企业跳到另一个企业、从一个地方移动到另一个地方，拥有一个便于携带的、能证明技能水平的证书非常重要。这是正常学徒制计划能够提供的。根据《菲茨杰拉德法案》，学徒完成学徒制学业，取得企业所在行业的职业资格证书，而该证书在美国的任何地方都予以承认。事实上，就像学院或者大学授予的大学学位证书一样被认可。

目前的挑战是，如何使注册学徒制市场化，以便为青年人提供可行的职业生涯选择。这样的挑战涉及对企业的激励，为最大限度地招募和培训劳动力做出预算安排；涉及对更多的社区学院提供技术帮助，以使它们了解如何与当地的工商企业建立伙伴关系，就像南卡罗来纳、威斯康星以及其他一些州所做的那样。

政策建议

通过注册学徒制体系提供职业教育选择和培训的政策思考如下：

- 到中学对青年学徒制或准学徒制做更加积极的宣传和推广。

州教育委员会和各类州教育部门必须对当地的行业企业、职业学校、教育管理机构通过开展学徒制教育与培训，建立伙伴关系起到促进和宣传作用。这些州教育部门提供的资金必须反映注册学徒制是职业教育与培训的优先考虑事项。

同样，国家组织，如全国学校董事会协会必须认可学徒制、准学徒制、青年学徒制以及成人学徒制的益处，在当地学校董事会成员层面起到促进作用。

- 对高中后成人注册学徒制作为一个人的职业生涯路径在全国范围内进行完善。

学校辅导员和家长都必须认识到，通过注册学徒制进行正式的岗位培训的价值。这是一个通往专业或职业岗位最为理想可靠的职业路径，在完成学业后还没有大学贷款的负担。注册学徒制还可以把从大学副学士学位到相关的大学学士学位有机地结合起来，而学费由企业或者财政补贴来解决。

- 商会、企业、行业协会和州经济发展机构或组织需要扩大注册学徒制的知名度，因为它具有最可靠、最理想的职业生涯路径的优点。

注册学徒制是经济发展的重要组成部分，也是劳动力培训的有效方式。既然如此，当地经济发展组织必须在宣传推广注册学徒制中起主导作用，为我们下一代劳动力的培养做出更大的贡献。

第五章　从企业和雇主的角度看注册学徒制

我们在回顾美国殖民时期时会看到，小型公司招收青年人做工人，然后以公司自己的方式去培训这名工人来完成工作任务。或者是工艺大师培训他的学徒，使学徒在他那个领域再成为新的大师。这种古老的一个行当或一门手艺学习的学徒制体系在今天仍然存在，作用突出。它在每个行业、每个岗位，从铁匠到律师都起作用。

然而，我们处在 21 世纪，美国的很多工商业都发生了变化，我们的劳动力正在快速老化，很多技术工人都离开了工作岗位。那些对下一代工人的成长没有制订计划的企业很快就会发现，他们需要快速获取新技能的途径。当今，我们也处于全球化经济之中，我们需要新的类型的特殊技能人才，以在全球市场竞争中获得优势。

对公司来说，好消息是，通过学徒制培养的工人反馈良好。在很大程度上，企业对学徒制培训过程感到满意。那么，我从不同类型的企业（小型、中型、大型企业）所获悉的，在雇用和培训学徒中获得的好处是什么呢？参与过学徒制培训的企业（根据学徒制的说法，被称为“主办方”）所带来的大多数反馈是，学徒制具有非常积极的作用和效果。

例如，勒曼等人（2009）报告，对美国劳工部的974家企业进行调查的结果表明，94%的企业愿意根据他们的经验，把学徒制推荐给其他企业。80%的企业反映，学徒制培训帮助他们满足了对技能工人的需求。他们说，“自己培养”的雇员是最好的雇员。他们的生产效率高、错误率低，通常拥有更好的客户关系技巧、强有力的健康和安全态度，更加适合企业的发展。一个值得注意的调查结果是，68%的企业认为，通过提高产能、加强工人工作士气和自豪感的学徒制培训，使企业获益匪浅。[1]北卡罗来纳美瑞模具有限公司对学徒制反响强烈，他们在网站上这样评述培训工人的收获：“一群充满活力、全心全意投入工作的年轻人成了公司发展的奠基石，他们为未来工具模具制造的学习者树立了榜样。”[2]

学徒制培训是如何解决美国企业劳动力短缺问题的呢？让我们来看看当今的企业，特别是小型企业所表达的一些忧虑吧。劳动力教育者、政策制定者都需要了解企业人员的忧虑，然后才能帮助他们解决问题。

我找不到企业需要的技术工人

这是当今美国企业经营者经常抱怨的问题，从宾夕法尼亚东南部到佛罗里达劳德代尔堡的小型制造业向我表达了他们的担忧，他们找不到机床操作员，所以通过开展学徒制培养自己的工人。奥林斯基和艾尔斯（Olinsky and Ayres，2013）关于人力资源调研发现，48%的企业由于缺乏适合工作岗位要求的工人，所以出现了工作岗位人才空缺。德洛伊特（Deloit，2011）的调查进一步证实，2/3 的美国制造业企业在寻找有资质的工人时，面临中等到严重的困难。[3]

当今新学徒的主要来源是那些在现有工作岗位上的员工，他们表现出了积极向上的态度，愿意接受高一等级、更有技术技能含量的培训。在没有可能的情况下，很多企业转向当地社区学院和高中，通过建立伙伴关系，从学院招募学生，或者从高中招收青年学徒。

在寻找、筛选学徒，甄别合适的相关教育培训方面，企业确实表现出它们需要帮助。它们也想知道更多的关于学徒制基于能力培训的方法和措施。北卡罗来纳为学徒制建立的三个独立的商业联盟（NCTAP，Apprenticeship 2000，Apprenticeship Catawba）与各自地区的职业中学和社区学院协同工作，招收和筛选申请者。社区学院帮助开展这样的工作是最好的选择。正如南卡罗来纳州立法表明，南卡罗来纳州技术学院体系负责完成这项工作。每一个南卡罗来纳技术学院都指定专人帮助企业采用学徒制开展培训。

我需要为未来做出规划

根据雅各比（2003）的研究，20%的美国企业认为培训工人是他们自己的责任。[4]然而，通过注册学徒制开发和壮大自己的员工队伍，才能确保经济的正常运行与发展。通过注册学徒制，企业主或者企业的领导层以现有雇员最好的技能为未来的雇员进行“克隆”，今天对明天的雇员进行规划，这对在激烈的市场竞争中保持经济的持续运行起到了保障作用。然而，奥林斯基和艾尔斯（Olinsky and Ayres，2013）指出，74%的制造业企业雇员不足或者说适合企业的人才不足，这限制了公司产量增长和公司发展。因此，自己培养雇员成为满足工作要求的解决方案。美国企业的思维方式需要审视和考虑，今天应该为未来的企业经营发展进行投资，这也是星巴克首席执行官舒尔茨霍德的观点。一而再，再而三的情况表明，我们只考虑了立竿见影的效益和时下的底线，但这将不再行之有效。

例如布勒集团公司、美国百隆公司、德特威美国公司、美国模具有限公司这样的企业，宣扬注册学徒制作为一种手段，以确保下一代技术工人在企业发展过程中的作用。[5]保持学徒培训的领导地位是企业规划的主要部分。美国模具有限公司有规划地应用了学徒制，促进了企业的发展。坐落于瑞士的布勒集团拥有自己的培训机构，通过学徒制培养的技能人才超过了公司自身的需要，这种现象在瑞士被认为是承担公民责任，同时，它也可以获得联邦助学金来抵消企业的成本开支。[6]

布勒集团是总部坐落于瑞士马茨维尔（Uzwil Switzerland）的国际化制造公司，它生产的产品遍布世界140多个国家。布勒拥有1万多名员工，另外全球有600名学徒。在美国有位于北卡罗来纳的卡里（Cary，NorthCarolina）和明尼苏达州的明尼阿波利斯（Minneapolis，Minnesota）的布勒滑翔机公司（Buhler Aeroglide Co.）。布勒是一家私营企业。

布勒的全球企业学徒制计划采用的是瑞士模式，布勒坚信公司的员工是企业最重要的资产。当前，有5%~6%的劳动力接受正式学徒制培训，它的目标是使学徒制培训的劳动力人数达到10%。

公司的理念具有瑞士特色，为青年提供企业每年能合理承受的学徒制机会，这个数字超出了企业实际需要的人数。因此，每年完成学徒制培训的人员中，只有70%可以留在企业，其他学徒可以提供给其他企业。瑞士联邦政府对企业学徒制培训服务提供补贴。

青年开始学徒制培训（职业培训与教育相结合）的年龄是15~16岁，他们与布勒集团签订就业协议，参加布勒学徒制领域（大约有11个领域）其中之一的培训。学徒制计划通常是3年，学徒每周3天在企业学习，2天在学校学习。第一年的基础教育重点是劳动生产技能；第二年进行实践性培训，以获得项目规划的技能；最后的第三年集中于生产劳动。也许，在布勒国外的国际化基地可以获得网络化学习和工作的经历，企业强调学徒之间的交流及合作能力的重要性。团队合作是企业工作的重要组成部分。布勒也使用创新性的视频交换技术，称作“无限课堂”。这样，布勒的学徒辅导员足不出户就可以开展辅导工作，促进世界各地国际化班级学徒的学习。

在瑞士，相关的教学由地区职业教育学校提供，学校由联邦政府建立。学徒制技能标准和培训课程内容由特定行业领域的行业/产业协会进行开发和实施监管。专业协会建立国家职业资格标准，以此形成联邦考试的基础。

资料来源：Swiss Confederation，Federal Department of Economic Affairs，“Vocational and Professional Education and Training in Switzerland，” Bern，Switzerland，2013；Swiss Confederation，Federal Department of Economic Affairs，“Entering the Labour Market：Report on Measures to Ease the Transition to Upper-Secondary Level，” Bern，Switzerland，2012.

通过学徒制培训员工费用昂贵

我与很多公司谈到学徒制的问题，他们一再表达了对费用的担忧。招收学徒几年下来，即使只是支付熟练工人工资水平的40%~50%，费用也是很高的。典型的四年制学徒制的成本，包括学徒工资、一般福利，加上当地社区学院培训相关的费用，可以达到15万~25万美元。如果考虑到一个学徒继续成为全日制雇员的间接劳动成本和一些福利因素的话，费用还会更高。当考虑是否实施学徒制时，这些通常是要考虑的决定性因素。然而，要考虑到70%的成本是支付给学徒的津贴，学徒给企业提供了服务，企业也相应地获得了一些回报。另外，有些主办方表示，大约33%[7]的成本通过增加公司的总产量可以弥补。根据对很多企业的调查，开展学徒制期间，学徒的价值是通过学徒成为熟练工人，以最大限度地减少员工的流动性。英国的学徒制数据表明，企业在3~4年的时间内能够收回学徒制前期投资成本。[8]加拿大宣称他们对学徒的培训，每支出1美元可以获得1.47美元的回报。

此外，对学徒所在的企业，主办方有资金补贴和税收抵免。例如，南卡罗来纳州的企业可以享受州一级每个学徒每年最多1 000美元的营业税抵免。企业雇用学徒满7个月，可以最高连续享受4年。此外，符合《劳动力创新和机会法案》相关条款的规定，可以使用代金券支付相关的学费、书费、杂费。如果可能的话，还可以换取培训津贴。另外，南卡罗来纳州的博彩收入可以帮助本地区社区学院或技术学院获得学位证书、职业资格证书、毕业证书的学徒支付学费。还有，地区性企业学徒制就业、再就业培训资金也可以用于支付学徒的学杂费。再就业培训资金可以覆盖培训成本的50%，最多可达每个学徒500美元，这样可以帮助企业保持市场竞争力。[9] 所有这些资金补偿，可以很好地弥补企业对学徒的成本投入。一些统计数据显示，在培训中每投入1美元，以后就会有1.3美元的回报。[10]

2003年，南卡罗来纳州商会对南卡罗来纳州注册学徒制发展潜力做了一项研究。研究显示，瑞士的企业在培训方面的花费是平均每年34亿美元，但是，通过学徒生产创造的收入平均是37亿美元，超出投入的成本，可以用于招收新学徒和雇用新的员工。

学徒制对公司的投资回报率是显而易见的，招收学徒是公司对未来的投资。美国模具有限公司40%的劳动力是通过学徒制培训而获得的，这可以被认为是公司对未来的投资手段，这使公司保持了竞争优势。

企业应从几个方面来认识这样的投资，包括潜在的资本类型投资的税收抵免（这是政策问题）。此外，现有熟练工人对新招聘人员指导的时间成本，花费在相关方面的教学成本，不论是公司之外的社区学院还是职业中学，或者是公司内部课堂授课也必须考虑在内。我们必须要注意，青年学徒作为雇员，把新的活力和激情带到了工作场所，这也是投资的回报。

什么样的职业适合开展学徒制？

当企业发现学徒制不只是适合传统的建筑行业和制造行业时，他们感到很惊讶。一些专职医疗岗位，如临床医生、技术员的辅助职业也可实施学徒制。医疗信息领域最近也成功地开展了学徒制培训，未来的医护人员很容易得到工作和培训机会。研究表明，对于学徒来说，通过学徒制进行职业培训的价值，在学徒制开始的 1~2 年通常可以达到 5 万美元，而对于社区学院培养类似的工人来说，它所获得的增加值只有 8 000 美元或更少。[11] 任何岗位或者职业，对工作程序进行了分析和细化，都可以开展学徒制培训。

学徒制培训的其他益处

通过学徒制培训，能够开发和克隆最优秀工人的天赋。根据企业或主办方开展学徒制的经验，几乎可以肯定的是，向公司成熟的高级工人学习，可以增强员工的士气，提升对公司的忠诚度，提高生产效率。[12]

学徒从本行业大师书面记录的文本材料中获得知识和技

能，扩大知识和技能的深度与广度，这些知识和技能也可以被企业采用。此外，当今很多学徒有机会参加跨行业的培训，在不同的岗位上获得技能，这使他们成为更具有价值的职工。学徒也通常被企业树立为在就业环境中更好工作和表现的楷模。

公司文化也很重要。实施学徒制给学徒提供了历练和掌握公司独特文化的机会，有助于他们对公司长期忠诚，这对企业来说具有无限的价值。

纽波特纽斯造船厂于 1919 年在美国应用学徒制。公司认为，企业主办正式培训项目培养自己的员工就是价值所在。现在，公司拥有约 22 000 名工人。其中，在 25 个不同岗位上有 800 人是学徒，占到公司劳动力总量的 13%，他们是公司未来规划和发展的宝贵资产。完成学徒制培训的工人，有 8%已经在公司工作 10 年以上。纽波特纽斯造船厂也与该地区社区学院及当地大学达成了合作协议，为学徒在学徒制培训过程中获得高等教育提供机会。

学徒制为所有企业的员工提供了把教育和培训作为团队共同努力的机会。所有工人都在发挥个体的作用，在提升和指导新工人的过程中得到成长。所有工人都把教育和培训作为一种收益。总体上，与其他类型的培训相比，参加学徒制培训学生的毕业率非常高。根据调查显示，在开展学徒制培训的企业中，有 84%的企业在培训结束后将学徒作为普通员工留在了企业工作。[13]

怎样精准确定培训内容?

学徒制是标准化、结构化、持续化的员工培训。学徒有机会掌握行业企业确定的一系列的知识和技能。这些是当代的知识和技能，代表着企业、行业的需要。企业作为主办方，与社区学院协调员、劳动部门代表共同为学徒制开发培训标准。

学徒在获得知识和技能的过程中，为工作场所增加价值。知识和技能都让人“上瘾”。所以，学徒不断地学习，与沉寂的学校环境不同，学徒是在工作，不断地在为工作进行奋斗和努力。

学徒制确保了企业工人掌握的是企业和行业的标准，他们理解产品和服务的本质需要。此外，还有什么特别之处需要企业考虑呢?

- 有什么公司业务需要员工的特殊技能是不能通过学校或大学本位教育来获得的吗?
- 一个新工人从就业开始，有什么知识和基本的企业文化对他/她来说十分重要?

大公司也应该用这样的体系培训他们的员工，正如历史上所见证的福特汽车公司。为什么?因为公司需要员工快速而准确地学习工艺技术。尽管职业学校对传授基础的工艺技术很在行，但是职业学校无法复制工作场景，无法拥有所有的设备设施，无法具有与时俱进的工艺技术。教师因为脱离行业企业的时间较长，不再拥有所有必需的现代技能和实践技术以传授给学生。

企业应该注意最新的关于学徒制的反映与反馈研究情况。根据前面所引述的勒曼的研究，他发现，学徒制再次得以发展并受到欢迎。1997—2003 年，大约增长了 25%。随着最近联邦和各州管理当局激励和提升措施的实施，学徒制得到了进一步的发展。在招收和培训学徒的企业中，有 87%的企业愿意和正在建议其他企业把学徒制作为获得生产力的一种手段。他们夸奖称，通过学徒制的实施可以获得文件化的技能标准，提高企业的产量，保证工人的安全和提升员工的良好士气。

国际劳工组织援引欧洲企业的情况，指出学徒制的优点是：

- 根据公司需求培训员工。
- 企业与雇员都开始习惯实践性学习，并将新的员工融入企业文化之中，赞赏员工学习的重要性。
- 如果新的学徒从当地职业学校中很好地掌握了现代知识和技能，那么他们将带给企业新的基础技能，或许包括新的知识。

- 雇用学徒是企业招聘独具特色的资源。
- 学徒在生产中做出贡献。
- 学徒为企业带来新的活力与热情。[14]

问题出在哪里?

为什么企业不再专门使用学徒制呢?部分原因是官僚主义或者是人们感觉到的注册学徒制的官僚主义。企业主或者管理者不想让政府介入他们的“事情”,他们可以在企业内部开展非正式的学徒制,而且他们确实不愿意政府在注册学徒制上给他们带来负担,对他们进行干涉。

人们以为学徒制意味着由工会实施

学徒制的学徒与工会组织的工人在企业主看来是相同的。这是因为,在美国,过去学徒制的开展通常是与工会相联系的,但这只是曾经的做法,现在不再这样做了。全国大约有20%的注册学徒被工会组织雇用,学徒制已不再是工会用于组织劳工的专属权限。

企业很少继续雇用新的工人

企业规模缩小和结构调整,导致企业使用现有员工应用更多创造性的方法去完成更多的工作任务,很少有新员工作为长期雇员被雇用，这样，对新员工的投入也就减少了。但这种现象正在发生转变，企业也在不断地增加招聘新员工。几乎每次劳动力研究都表明，所有行业都需要技术工人。

公司内部管理安排

企业主和企业管理人员必须认识到对学徒制长期投资的可行性。它是一个企业技能人才的延续性计划。培训过程必须设计成商业运行模式。如果熟练工人以他们工作的生产能力来获得补偿，那么，他们被派去指导学徒就必须根据他们指导学徒而丧失时间的多少给予补偿。否则，对指导教师是不公平的，学徒制也不会成功地开展下去。

在学徒制结束后培训的雇员会不会流失到其他企业?

根据勒曼的调查，只有25%的企业担心这个问题。46%的企业表示对这个问题不担心，他们说，企业给学徒提供了良好的工作环境，毕业后成为熟练工人可以享受具有竞争力的工资收入，既然是这样，为什么要离开呢？有数据证明，通过注册学徒制培训的员工的流动性降低，不愿成为企业雇员的学徒的流失率只有不足5%。如此低的流失率也许是因为，做过学徒的工人更加适合企业的需要，更容易被其他员工接纳，更容易符合公司管理的需要，更加满意这份工作，所以他们选择留下。格雷戈奥伯格工业商会表示，公司给学徒提供了一系列的工作任务，同时给他们很好的福利，对他们充分信任与尊重……对大多数人而言，他们留下了。他们把学徒制称为公司的血液。在格雷戈奥伯格工业商会的750名雇员中，接受过学徒制培训的员工大约占4%。[15]

政府会干预我们的业务

在本书出版校对阶段，每次调研中都讨论到这个问题。但是，很多企业表达了相反的经历。北卡罗来纳夏洛特学徒制2000联盟（Apprenticeship 2000 Consortium in Charlotte North Carolina）的企业反映，他们劳动部门的代表每次都参加联盟的会议，而且给予很大的支持。每个企业都需要尽可能地减少来自政府或者其他管理机构的干预。他们需要得到合作伙伴的支持。例如，如果选择社区学院做相关教育的话，他们需要社区学院的支持。社区学院应在学徒、企业、注册机构之间搭建平台，以减少政府干预，同时通过为企业承担政府书面文件工作的方式帮助企业减轻负担。我在社区学院就承担着这项支持注册学徒制的工作。企业也需要在实施学徒制中平衡好来自教育机构的学费资助和来自政府的税收抵免的激励。我所在社区学院的资金资助办公室对企业提供指导。最后，他们需要做好准备，动员学徒——我们也会对这些学员的身份进行确认。[16]

学徒制除了对学徒承担基于工作培训的责任外，还需要提供一些正规的教育，这确实有必要吗?

是的，系统化的课堂教育是必要的。几乎每个人都认为在未来的几十年中，中等技能和高等技能的职业所需要的是至少两年的高等教育。对学徒来说，与当地社区学院建立伙伴关系，除了可以获得相关教育外，还能取得两年制大学学位、职业资格证书和毕业证书。而学徒所获得的知识和技能将给公司加倍的回报。此外，由于学徒候选人有时不需要具有基础学术技能作为先决条件参加两年制学位教育，所以，社区学院要为学徒提供基本技能教育。根据调查表明，企业期望与社区学院以及相关教育提供者建立良好的联系。他们也指出了问题，它涉及大学教育的灵活性，以及适度的课程调整以满足信息技术的需要。

北卡罗来纳企业联盟认为，大学学位是学徒制必要的一部分，无论是从一个受过全面的良好教育的工人的成长角度，还是从向父母推销的角度，或是吸引学生或优秀年轻工人参加学徒制的可能性角度，都是必要的。在美国，父母仍然期望他们的孩子接受大学教育。因为企业期望优秀的年轻人成长为他们的员工，所以在招聘条件中加上具有大学教育背景是非常必要的。

国际电气工人兄弟会和纽约城市地方 3（New York City Local 3）开展五年半学制的学徒制已经有几十年的历史了。这个学徒制与帝国州立学院（the Empire State College）签署了教育合作协议。其中，学徒必须参加大学的学习，并取得劳动研究的大学副学士学位。此外，还需参加由纽约电气工业联合行业委员会（the Joint Industry Board of the Electrical Industry of New York）主办并提供的五年制电气理论课程学习。工会认为，受过培训和教育的工人能够成为富有成效的雇员和优秀的工会会员。企业认为，电气工人应该成为这个民主社会具有竞争力的令人满意的工人。他们希望工人具有批判思想和分析问题的能力。在地方 3（Local 3）的领导下，联合协会地方 1（Local 1）——纽约水暖工工会，也要求与学徒签署强制性的学位教育学制。

我们怎样去发现和雇用一个学徒呢?

美国和加拿大的调查表明，在大多数的调查中企业都表示，获得一名合格的候选人，然后招聘为学徒存在着困难，面临着挑战。加拿大独立企业联合会（the Canadian Federation of Independent Business，CFIB）的调查显示，44%的企业反映存在这个问题。公司可以通过多种渠道获得新进人才。公司可以在大街上也可以在学校直接张贴招聘启事，但是是否能招聘到合适的人员，多半是要靠运气的。学徒制却有着非常不同的运作程序。企业首先做出一个初始招聘决定，这个决定将对一个新人的人才结构发展做出安排。如果从当地的社区学院招聘，并根据公司入门的水平要求进行筛选、测试和评估，那么确定为是学徒的人员就会带给公司优良的知识和基础技术。公司见证了学徒成长为有价值员工的整个过程。南卡罗来纳技术学院为企业开展注册学徒制培训提供免费咨询和帮助。[17]

企业集团、行业协会、公司实体可以促进企业联盟、行业部门在学徒制员工培训中发挥作用。当今，这些实体组织在企业倡议中变得越来越重要。协会作为非营利组织，可以深入社区，对学徒制活动的开展起到催化剂作用，如提升培训理念，招募潜在受训者，为开展培训活动募集资金等。

学徒招聘可以通过基于社区的劳动力机构，如当地劳动部门或劳动力投资委员会实现。然而，根据勒曼对企业的调查发现，只有17%的企业将劳动部门作为招聘和咨询资源；16%的企业接收当地劳动部门招收的申请人作为他们企业的潜在学徒；70%的企业与《劳动力投资法案》（the Workforce Investment Act, WIA）或者劳动部门没有任何联系。再强调一下，通过《劳动力投资法案》和老兵协会招聘学徒有资金补贴，不要为了与政府部门或与政府部门类似的机构保持距离而忽略了这一点。企业可以将当地社区学院作为经费支持组织和企业之间的平台。

企业如何参与到伙伴关系之中以支持学徒制培训？

尽管这在美国还不算太突出，但成功的合作伙伴关系已经被证明对岗位培训，例如学徒制的开展起到非常重要的作用。当地社区学院熟知如何把企业、各类教育机构、企业集团以及政府组织起来，通过伙伴关系提供教育服务。

南卡罗来纳州技术学院体系在促进合作、开展注册学徒制和与州一级的社区学院合作方面一直走在全国的前列。从 2007 年开始，南卡罗来纳州以注册学徒制达到 210%的增长速度而感到自豪。其中的一个例子是南卡罗来纳巴韦尔（Barwell, South Carolina）当地的丹马克技术学院（Denmark Technical College）与马头公司（Horsehead Corp.，以前是新泽西生产锌及锌基产品的公司）建立伙伴关系，开展机电技术员注册学徒制。这是一个三年制的注册学徒制，由州劳动力投资委员会和当地劳动力投资委员会作为第三方给予资助。各方通过合作实现总目标和各自的分目标。

在北卡罗来纳州，有些地区性的企业联合会已经参与到学徒制的实施中，包括夏洛特地区的“学徒制 2000 计划”、罗里达勒姆地区的北卡罗来纳三角学徒制计划（the North Carolina Triangle Apprenticeship Program, NCTAP）和学徒制卡托巴（Apprenticeship Catawba）。在这些企业联合会中，包括企业

(小企业和大企业)、社区学院、地区高级中学及北卡罗来纳州学徒制代表机构。作为联盟中的成员，企业会直接受益，比如有些企业会分享他们的培训机会，这样学徒能够获得全面而完整的技能开发体验，这对小企业来说是非常重要的。因为小企业可能不会实施某个特定行业所有领域和所有方面的工作任务，那样的话，如果其他公司不邀请他们参加这个部分的学徒培训，学徒就没有机会发展那些缺失的任务所需的技能。

我们发现在学徒制环境下，有些行业组织是有组织的劳动力发展的必然结果，如前面提到的加利福尼亚消防员联合学徒委员会（the California Fire Fighter Joint Apprenticeship Committee, CFFJAC)，它在协调消防员与警察学徒制培训方面承担着多重角色。它以国家消防员学徒制和培训标准（National Apprenticeship and Training Standards for the Firefighter）为基础，监督学徒制签署标准并承担责任。它负责向消防部门和潜在学徒做宣传，负责学徒体能测试，促进工作的开展。加利福尼亚消防员联合学徒委员会也负责对参加学徒制的技术学院的培训质量进行监督。[18]

加利福尼亚消防员工会把加利福尼亚消防员联合学徒委员会看作是确保给予所有合作伙伴平等服务的组织。地方消防部门必须同意：（1）负责学徒招聘和选拔；（2）为学徒提供培训标准和程序；（3）确保培训时间符合要求；（4）支付学徒工资，且工资逐步增加。

如何使伙伴关系取得成功？

正如我在第二章中所讨论过的，根据我多年来对学徒制计划及多个组织参与实施学徒制计划的研究，我发现，多个组织参与并能促进学徒制计划的有效实施，主要有以下三个方面的原因[19]：

- 各组织之间相互吸取对方的经验与教训。
- 增强了各组织从外部吸纳资金的能力。
- 组织相互之间达成了正式的协议，明确规定了组织成员各自的职责和义务。

因为各个组织之间能够互通有无，所有各方都能从这种工作关系中受益。社区学院的管理者与行业协会或者企业集团合作，为学徒提供相关的教育和培训，可以为学院带来潜在的招生资源。对于企业而言，与学院建立关系，可为学徒提供高质量的教育与培训资源；对当地劳动部门（政府方面）而言，学院和企业双方履行了学徒制计划中两个关键部分的内容。官方的书面文件工作和监督管理任务由第三个要件——劳动部门完成。然而，通过这种合作关系也能衍生出其他效益，包括通过更加全面且强健的公民就业，促进社会的经济发展，所以经济发展部门也可以从中取得效益。

合作协议是非常重要的文件，所有参与各方在没有达成协议之前，都必须准确地理解自己在合作之中的角色和责任。这种基于伙伴关系的文件应该列举出每个合作伙伴是谁？每个伙伴的作用是什么？应该规定每个伙伴带来的资源是什么？例如，可以建立一种培训和社区服务合作伙伴关系，就像我在彭萨科拉慈善家园（Pensacola Habitat for Humanity）看到的那样。彭萨科拉高等专科学院（Pensacola Junior College）曾经有一个建筑行业培训项目，需要一个实操小组以加强校园实验室工作。彭萨科拉慈善家园为社区需要房屋的人提供帮助。慈善家园依靠志愿者为其工作，由于有一份缜密的书面协议，因此合作很顺利。

对任何项目建立基金都是十分重要的工作。组织间合作申请补贴获得成功的概率要比单个组织申请取得成功的概率高得多。事实上，现今申请联邦补贴的条件之一就是要求多个社会伙伴共同申请。社区学院作为参与者，能为联邦学生提供学费补贴、教育贷款和其他私人学费补贴。根据早前我提到的建筑行业伙伴关系那个例子，就业培训机构最终参与进来，为需要接受联邦公共住宅就业培训的失业人员提供就业培训学费补贴。而美国学徒制的一个显著益处就是能够为社区学院提供佩尔帕金斯（Pell and Parkins）资金渠道，以弥补学徒制实施过程中的经费不足。这在威斯康星州技术学院体系中已有所见证。威斯康星州技术学院体系中的每一个学院与学徒共同努力，制订学费援助计划，以帮助学生获得完成大学学位课程所需的经费支持。当经济发展机构加入到这个组织以后，其他类型的社会经济基金就会被开发出来，正如之前所讨论过的一样。

政策建议

通过我对企业实施注册学徒制的研究和观察，我对学徒制的实施给出以下一些建议：

- 企业参加注册学徒制需要发扬公民精神。随着大公司产能的不断增长，他们可以通过学徒制培训培养大量的、超过自身需求人数的学徒，从而为小公司招聘到合适的员工提供帮助。如《劳动力创新和机会法案》可以为提供这种服务的大公司提供培养学徒的资金支持。
- 对于属于同一组织，在同一个州，并具有推广潜力和相同资源的企业，国家需要加强注册学徒制建设，比如社区学院体系。南卡罗来纳州的模式就是这方面典型的优秀代表。
- 地方的企业联盟被证明是支持注册学徒制取得成功的范例。北卡罗来纳州的劳动部门就做得很好，它把地区企业联系在一起。其他州的劳动部门或社区学院体系可以效仿这种模式。
- 州一级的经济发展组织需要很好地与当地小型企业沟通交流实施注册学徒制的投资回报问题。

第六章　注册学徒制下成功的企业与行业伙伴关系之秘诀：优中之优一瞥

当美国人朝着一个共同的社会目标而共同努力时，他们会显得格外出类拔萃。有时，他们一起休闲和娱乐；有时，他们一起努力解决一个公民议题或者问题；有时，他们一起创业和发展经济。然而，从传统意义上来说，美国的教育培训由学校完成。企业习惯于寻求一个教育组织来为企业培养人才。学徒制是一个合作的过程，依其本身的性质而言，是参与学徒制的企业、学徒以及外部教育机构之间的合作伙伴关系。在某些情况下，为了成功实施学徒制，还需要有中间组织支持企业的实施行动，社区学院正好满足了这样一个要求。

很多公司选择与其他企业合作开展注册学徒制，有时甚至与竞争对手合作。通常，合作源于经济目的。在某些情况下，不得不借助必要的社区资源以及政府资源以促进学徒制的开展。在本书撰写过程中，我发现企业出于以下原因而相互合作：

- 为互通有无，共享资源。
- 为增强获得外部资源的能力。
- 为开发正式协议书，明确每个参与者的职责。

在对各种各样的合作资源配置进行讨论之前，我简要地谈谈其他国家的做法。瑞士拥有的部门组织体系可以深入到行业和企业中开展支持服务与指导，还对学徒开展一些技术方面的教学。澳大利亚通过联邦政府签约的方式应用学徒制中心体系提供服务。加拿大的省级政府对“红章计划”和其他学徒制提供协调服务。

注册学徒制是企业驱动的活动。企业可以聘用一个或一些学徒，在州一级的劳动部门注册，与当地的相关学校或者社区学院（或者在企业内部实施）签订相关的培训协议，独立实施注册学徒制。然而，也可以把不同的企业筛选出来，从各个工作场所走到一起，建立诸如行业组织、行业联合会，或者企业联盟，在注册学徒制中共同分享资源和承担责任。社区学院在学徒制计划执行中起到了有效的催化剂作用，它把企业和有关的业务聚合在一起，在这种情况下，通常由企业或企业联合会制订计划，管理学徒文件，在州劳动部门履行注册程序。

行业协会支持注册学徒制

我发现几个学徒制计划是当地行业协会发起的，因为它们的小型生产企业很难找到熟练的机床工人。和它们讨论时我发现，发生这种状况是因为当地的学校和社区学院不再开设职业技术教育专业，如机床技术专业，而这些企业恰恰需要这方面的技术人才。相应地，南佛罗里达生产制造商协会（the South Florida Manufacturers Association, SFMA）开创性地启动了一个机械师学徒制计划。一名协会成员监管该计划的行政管理工作，包括学徒的注册，他与布劳沃德郡太平洋技术中心（the Broward County Atlantic Technical Center）合作，提供相关的机械师学徒制培训课程。布劳沃德郡太平洋技术中心开展学徒制的经费来源于企业，相关的课程由当地成人教育中心提供。该计划应用全国金属加工技能研究所（the National Institute for Metalworking Skills, NIMS）的技能标准作为他们学徒制标准的基础。[1] 在撰写本书时，南佛罗里达生产制造商协会机械师学徒制计划（the SFMA Machinist Apprenticeship Program）与两所大学建立了接轨专业，允许学徒在岗位培训期间和相关的教学时间内，取得职业资格证书，获得大学学分，毕业时取得大学学位。

南宾夕法尼亚中部地区也有类似的举措，这要归功于南宾夕法尼亚中部地区生产制造业协会（Manufacturing Association of South Central Pennsylvania, York, PA）。这个协会通过金属加工技能联合会（Metal Working Skills Consortium）承办制造业学徒制培训。[2] 由于当地的学校对协会相关的培训不能提供相应的帮助，因此相关的培训就在联合会内部进行。

在上述两个例子中，能够解决小型生产企业在两个方面的问题：一是找不到或者是聘不到熟练机械技师的问题，二是合作培养机械技师的问题。协会相互合作，协同开展机械技师学徒制培训。

这些协作安排有很多益处。成本在成员之间进行分担，比单一的独立公司花费的成本要低。谁来承担培训由团体确定。在寻找外部相关的教育培训提供者及与外部组织进行谈判时，其能量也是毋庸置疑的。[3]

企业走到一起开展学徒制的其他益处是，如果一家特定的企业不能承担某一特定领域的培训任务，另一家企业就可以敞开大门，为学徒提供掌握那个方面技能的机会，这样就可以在合作伙伴之间分享自身能力。此外，一批企业可以利用资金和设备设施资源，招聘一个员工（甚至仅仅是兼职）监管计划的运行和学徒制的管理。

企业宣传团体

有些行业和企业宣传团体对促进 21 世纪学徒制也具有潜在的价值，因为这些团体提供以下几个方面的服务：

- 为当地的企业实施和承办学徒制培训提供熟悉、舒适而便利的场所。

- 在学徒制培训过程中，可以集中指导和实施基于行业的技能标准。
- 为技能培训效果提供评估与评价基准，包括通过对熟练工人在此行业中技术水平的评定，以用作统一的衡量标准，从而颁发行业证书。
- 在学徒制实施过程中，为本社区学徒提供团队合作的机会。
- 对团体成员参与社区项目的经济价值进行评估。

在汽车零售行业，华盛顿地区新车销售协会（the Washington Area New Automobile Dealer Association,WANADA）一直以来是汽车服务技术员培训的领导者和宣传者。[4] 它赞助了一个技术员学徒制培训计划，对美国国会大厦地区的经销商技术员开展培训，其历史可以追溯到 20 世纪 70 年代中期。我是该协会第一次开展学徒制计划时的协调员，并承担相关教育课程的教学工作（通过当地的社区学院开展）。华盛顿地区新车销售协会（WANADA）创建了一个单独的 501（c）3 机构，即汽车营销教育研究院（the Automobile Dealer Education Institute,ADEI），它是注册学徒制的行政管理组织。汽车营销教育研究院拥有一个包括汽车经销商和联合企业相关人员在内的董事会。它雇用了一名工作人员，负责与学徒、经销商以及相关的培训组织对接。学徒制有关的培训工作通过若干个教育场地完成，包括由北弗吉尼亚和蒙哥马利学院（Northern Virginia and Montgomery College，MD）的公立成人教育学校实施继续教育。[5] 汽车营销教育研究院对有幸成为学徒的人员提供奖学金，涵盖学徒的相关学费。[6] 再次强调一下，利用行业协会为成员个体提供场地以获得学徒制的支持服务，比单个公司实施学徒制更加具有优势。

企业联合会

越来越受欢迎的另外一种行业合作模式是企业联合会，在这种模式中，公司代表广泛的行业享受集体资源来实施学徒制，以满足学徒培训的需要。这些公司也与社区学院和地区高中合作。在北卡罗来纳州，这种方式被称为“学徒制 2000”，它由两家公司发起成立，即美国德特威勒公司（Daetwyler USA）和美国百隆公司（BLUM USA）。两家公司都发现在机械生产设备方面招聘技术服务技师存在困难。夏洛特地区的这些公司最终与其他 6 家公司联合起来开展学徒制。这 6 家公司中的大多数企业总部位于欧洲，对开展学徒制较为熟悉。企业联合会与皮特蒙特中部社区学院（the Central Piedmont Community College）合作，对经过筛选的、有资格的学徒提供四年制学徒教育，为他们支付机电工程技术相关专业学位课程学费（包括岗位培训费用）并提供福利，确保学徒完成学徒制学业的同时，取得学位证书，并继续留在企业工作。[7]

"学徒制2000"为北卡罗来纳州的其他两家企业联合会起到了示范引领和促进作用。一个是北卡罗来纳州三方学徒制计划（the North Carolina Triangle Apprenticeship Program, NCTAP），该计划把韦克技术学院（the Wake Technical College）作为其社区学院合作伙伴；另一个是学徒制卡托巴（Apprenticeship Catawba），几家企业与当地高中和卡托巴谷社区学院（Catawba Valley Community College）一起建立了三方合作伙伴关系。[8]

学徒制——北卡罗来纳模式

北卡罗来纳州见证了越来越多的合作伙伴加入区域合作伙伴关系，与社区学院合作开展注册学徒制，年轻工人有越来越多的机会在注册学徒制和社区学院进行双元注册，以取得相关的学位证书，这是因为一些欧洲的小型企业在该州落户，带来了他们传统的劳动力培养解决方案，这与美国所采取的方式有所不同。

这种模式发展的起源可以追溯到1990年左右，当时，德特威勒公司把位于瑞士的基地从长岛迁到该州来制造"油墨刮刀"（Doctor Blades），这是一种用在凹版印刷过程中的特殊消费品。由于公司的业务扩展，他们开始发现，招聘技术服务员支持公司的业务发展成了难题。附近的另一家公司也有类似的招聘技术人才的困难，于是两家公司开始合作，并发起倡议，最终有 8 家公司同意建立企业联合会，开展注册学徒制，并被称为“学徒制 2000”。他们认识到，没有哪一家公司能够独立地开展他们在本国所经历的相似的学徒制，所以他们愿意合作。

他们与夏洛特地区高中发展了良好的合作伙伴关系，招募那些真心对技术感兴趣的青年和那些对机械技术或电气技术职业岗位感兴趣的青年。企业为这些青年设计了四年制注册学徒制（与瑞士、奥地利国内公司举办的学徒制相似）。参加的公司包括柏拉姆公司、德国巨浪（CHirom）公司、德特威勒公司、德国波法斯（Pfass）公司、德国莎斯特（Sartstedt）公司、西门子公司、铁姆肯（Timking）公司，它们加入联合会的动机是确保为公司持续提供技能人才，以保证公司的发展和弥补退休技师的空缺。四年制注册学徒制花费的最高成本（包括学徒工资、学费），大约是 16 万美元，学徒毕业以后希望获得一份有保障的工作，入职后的年工资收入大约为 4.4 万美元，外加各类福利。

南卡罗来纳州商业领袖采取与上述类似的措施，通过提供资金和架设组织结构，开展注册学徒制咨询，支持在州立技术学院体系内开展学徒制培训。一个由 6 人组成的地区学徒制咨询小组已深入企业，支持企业和学徒参加注册学徒制，帮助企业遴选开展相关教育服务的学院开展合作。[9]

联合学徒制培训委员会

在美国，也许最早开展联合学徒制培训的另外一种组织形式就是联合学徒制培训委员会（Joint Apprenticeship Training Committee），它把有兴趣开展学徒制培训的公司、企业主撮合在一起。联合学徒制培训委员会在美国创新了国家学徒制体系。委员会的目标是为雇主提供一种交流的手段，然后与政府学徒制管理机构接洽，搭建交流平台。

联合学徒制培训委员会的结构体系为促进 21 世纪美国学徒制具有潜在的价值。该委员会拥有如下功能：

- 这种结构体系适合在州劳动部门、联邦劳动部门、企业、企业团体、劳动机构、学徒、社区学院之间搭建联系沟通的平台。

- 联合学徒制培训委员会总部机构开展学徒注册，签署标准，颁发成绩证明或职业资格证书。

- 向企业推广应用学徒制。

尽管目前只有不足 20%的注册学徒加入了工会，但联合学徒制培训委员会仍然是一种可行的办法。它可以为学徒制建立基金，设置标准，招募学徒，组织面试，筛选评价，安排相关的培训与教育。我发现，企业和学院通过与联合学徒制培训委员会共同工作，采取的工作方法与措施具有创新性，并独具特色。

在印第安纳州，隶属工会的工人、企业、州一级的社区学院已经联合起来开展学徒制培训，通过合作，以便更好地服务于各利益相关方。劳动力高等教育伙伴关系起源于20世纪90年代中期，常春藤科技社区学院（IVY Tech Community College）提出，“把高等教育和技术培训衔接起来，为学徒提供优质的大学教育，同时使学徒得到联合学徒制培训委员会专业的培训机会”。[10] 在印第安纳州，联合学徒制培训委员会下属的任何学徒制成员单位和常春藤科技社区学院，注册学徒均可以双元制注册入学，在注册学徒制结束和完成学院指定的课程之后，学徒将获得印第安纳劳动部门颁发的熟练工人卡，同时获得常春藤科技社区学院颁发的副学士学位证书。常春藤科技社区学院与国家劳动学院（the National Labor College，NLC）也建立了合作伙伴关系，可以将学徒制技术副学士学位证书转换成国家劳动学院四年制学士学位证书。

俄亥俄州霍加社区学院（Cuyahoga Community College，Tri-C）名誉主席杰瑞·苏·松顿（Jerry Sue Thornton）采用了与联合学徒制培训委员会类似的安排。俄亥俄州霍加社区学院与俄亥俄东北部开展有关行业培训的17个劳动组织进行合作，在19个特定领域建立双元制入学通道，她认为这样的安排可以通过双赢实现地区经济的发展。[11]

在20世纪90年代初期，内华达州南部学院（the College of Southern Nevada）与内华达南部隶属工会的工人联合劳动力培训委员会建立了合作伙伴关系，以满足不断增长的经过适当培训、受过良好教育的高技能人才的需要。[12] 内华达州南部学院实际上具有一个专门为注册学徒制提供服务的学术团体。学院为几个建筑行业工会注册学徒提供通用教育课程和与岗位培训相适应的技术课程，学徒完成学业要求的学分可以取得副学士学位。

在国家层面，可能最知名的就是国家电气行业联合学徒制与培训委员会，现在称为电气培训联盟（the Electrical Training Alliance），它包括全国电力承包商协会（the National Electrical Contractors Associations, NECA）和国际电气工人兄弟会。正如我在以前的章节中提到的，国际电气工人兄弟会地方3的地方社会经济组织（the IBEW'S Local #3）为注册学徒制和社区学院学位合作建立了标准。地方3的地方社会经济组织所取得的成功，对国家电气行业联合学徒制与培训委员会电力行业学徒制伙伴关系产生了深刻的影响，这个遍布全国的学徒制计划，通过国际电气工人兄弟会提供给美国教育委员会进行审核通过，并与佩利西比州技术学院（Pellissippi State Technical College）签署了明确的副学士学位协议。[13] 国家联合学徒制培训委员会也在国家培训学院（National Training Institute）为学徒制指导教师开展暑期培训。

另一个公共服务类职业的例子是加利福尼亚消防员联合学徒制委员会，它由加利福尼亚消防局办公室（the Office of the California State Fire Marshal）和加利福尼亚职业消防员共同组成，分别代表管理机构和劳动部门。正如他们所说，消防部门和有关劳动协会都成为加利福尼亚消防员联合学徒制委员会的一员，他们一致同意提供给学徒有价值的指导，同时达到加利福尼亚消防员联合学徒制委员会制定的标准，这个标准达到了州消防服务委员会和国家消防协会（the State Board of Fire Services and National Fire Protection Association）的标准要求。[14] 加利福尼亚消防员联合学徒制委员会有 151 个消防部门作为其成员，有 6 000 多名注册学徒，每一个消防部门都有一个当地的联合学徒制委员会，以便加强与当地的联系。全国各地的联合学徒制委员会也提供跨区域的学徒招聘和体能测试，作为加入消防学院最基本的入门条件。加利福尼亚消防员联合学徒制委员会也为当地消防部门提供超出消防标准要求以外的额外培训，它与其他的州和国家组织合作开发并实施基于国土安全的专题培训、野外防火训练以及其他所需要的技能培训。

加利福尼亚消防员联合学徒制委员会是加利福尼亚学徒制委员会的组成成员，加利福尼亚学徒制委员会是整个加利福尼亚注册学徒制统一的协调机构和学徒制倡导主体。[15] 这个组织也与加利福尼亚劳动力创新委员会协调一致，为注册学徒获得劳动力创新委员会资助提供机会。

劳动力创新委员会

最后，我们看看美国另外一种独具特色的基于社区的组织形式，即劳动力创新委员会。随着美国国会立法，批准将资金流向各州及社区开展劳动力培训，劳动力创新委员会就随之产生了。例如，当前的注册学徒制是根据 2014 年通过的《劳动力创新和机会法案》而实施的。立法规定了劳动力创新委员会的组成成员，当地教育机构和社区学院的代表也是其组织成员之一。我在诺瓦克社区学院（Norwalk Community College）担任劳动力计划教务长的同时，也是康涅狄格州西南部劳动力投资委员会工作场所执行董事会的成员。2014 年新的《劳动力创新和机会法案》取代了以前的《劳动力投资法案》。然而，劳动力创新委员会仍然是当地劳动力融资基金的主体。

劳动力创新董事会对促进美国企业开展 21 世纪学徒制具有实实在在的价值。《劳动力创新和机会法案》强调对岗位培训给予资金支持的重要性。例如，对学徒制以及与当地组织合作开展培训给予资金支持。《劳动力创新和机会法案》全面支持学徒制开展工作，同时，坚定地支持企业及企业联盟：

- 可以广泛招募愿意成为学徒的各类工人成为学徒。
- 可以使用经费，包括《劳动力创新和机会法案》规定的经费和其他私募资金，或者在学徒制培训过程中弥补相关费用支出的补贴。
- 鼓励为社区或地区的企业招收学徒。
- 可以为工人或受训者在工作日提供服务、咨询、交通便利等。

劳动力创新董事会也有能力吸收额外的资金，以联邦、州、私有劳动力开发的形式获得来自当地居民和企业的奖金和礼物。劳动力创新董事会在社区内占有独特的地位，能够有效地与当地企业建立合作伙伴关系。社区学院是这些董事会的合法成员，根据新的法律规定，更多的劳动力创新董事会将优先支持注册学徒制。

例如，我发现，新泽西格洛斯特郡劳动力创新董事会（the Gloucester County NJ Workforce Innovation Board）通过学徒制开展岗位培训已经有一段时间了。从组织结构上讲，它创立了学徒制和劳动力开发委员会（Workforce Development Committee），使其有机会把有意与企业开展合作培训的劳动力创新董事会成员组织起来，开展学徒制培训，这些企业愿意应用学徒制培训他们的工人。他们的网站列举了各种各样的劳动力创新董事会合作伙伴，在他们所从事的领域开展几种学徒制培训的情况。它也与青年委员会（the Youth Committee）合作，为青年学徒提供机会。[16] 学徒可以在格洛斯特学院入学，与职业技术研究院（the Career Technical Studies）的副学士学位接轨，学徒可以在学徒制培训过程中获得 25 个学分，作为学位学分的一部分。

我同时也注意到作为“2013—2017 年加利福尼亚战略劳动力发展计划”（California's Strategic Workforce Development Plan 2013—2017）的一部分，加利福尼亚劳工及发展局秘书长致函加利福尼亚劳动力创新董事会，谈到该州注册学徒制的问题。信函强调了学徒制对发展加利福尼亚劳动力技能和培养人才方面的作用；信函呼吁劳动力创新董事会要高度重视，截至发函时，该州有 55 000 名注册学徒，其中有 22 000 名学徒不在建筑行业岗位上，而在消防、安全、轻轨系统以及其他岗位上。[17] 同样地，在南加利福尼亚商会的主张和企业的坚持下，注册学徒制得到了长足的发展，州劳动力创新委员会对当地劳动力创新董事会注册学徒制也给予了政策支持与鼓励。[18]

新的《劳动力创新和机会法案》实施后，劳动力创新委员会可以通过人员分配和提供资金来支持注册学徒制，这将改变地方缺乏相关战略组织的现状。组织结构已经建立起来了，所有社区的骨干成员，包括社区学院、企业、工会都是劳动力创新董事会的成员。当前，所有的资金都可以用于注册学徒制的实施与发展，这在法案中是强制性条款。

基于社区的组织

基于社区的组织也可以为企业合作伙伴、教育组织、注册学徒制提供场地支持。其中的一个就是学校社区（Communities in Schools），这个组织主持费城城区技术项目（Philadelphia Uban Technology Project），由美国劳工部提供补助资金，在高技术、高需求职业领域促进学徒制建设。费城学区（Philadelphia School Distiect）为青年提供两年的“计算机辅助人员注册学徒制计划”（Computer Support Specialist Registered Apprenticeship Program）。[19]

牵线搭桥组织

在我研究的过程中，我遇到了一项非常独特的合作伙伴举措，我想在此做一介绍。新泽西交流中心——新泽西学徒与大学教育接轨通道（New Jersey Pathways Leading Apprentices to a College Education）。由于一些新泽西教育组织、工会、政府机构既需要促进学徒制培训工作，又需要为学徒提供高等教育，所以就出现了这样一个名称，并得到了他们的一致认可。这种合作伙伴关系是建立在其他伙伴关系的基础之上——这些其他组织的存在，在高等教育与工作场所学习或培训之间起到了桥梁与纽带的作用。这个过程建立在这些条件之上：（1）美国教育学院信用推荐服务委员会（the American Council on Education's College Credit Recommendation Service）；（2）承办非大学教育的国家计划（the National Program on Noncollegiate Sponsored Instruction）；或（3）托马斯爱迪生州立学院（Thomas Edison State College）。它们通过对培训设计的评估，明确注册学徒制协议应该获得多少大学学分、什么层次的大学学分。新泽西的社区学院都同意学徒制培训与指定的大学副学士学位接轨的规定。新泽西交流中心由新泽西州就业与培训委员会实施管理，我曾经研究过其运营过程，但是该机构的经费于 2014 年 1 月 1 日终止了。我希望在某个时间节点上，经费能得以继续投入，衔接协议也期望能够继续下去。[20]

政策建议

根据我对企业成功开展注册学徒制合作伙伴关系的认识，我提供以下建议，以促进更多这样的合作伙伴关系的建立，使学徒制培训应用不断发展。

- 劳动力创新董事会在促进企业应用注册学徒制方面占有很好的战略地位。它能够把潜在的工人学徒推荐给企业，帮助企业和学徒实施培训提供资金，介绍企业之间相互合作，形成企业联盟，共享培训资源。社区学院的领导者可以使他们的学院为这些活动起到推动作用，社区学院是劳动力创新董事会不可或缺的成员之一。

- 产业和行业协会应考虑在其影响范围内和会员企业之间促进学徒制培训方法。

- 企业和行业协会应该考虑结成联合学徒制委员会，集中人力和资源，开展注册学徒制培训，形成利益共同体，成为企业发展的优势，包括共同分配资金和补贴，分担培训成本，招募遴选学徒以及类似的活动。

- 地区和州经济发展组织应该考虑在其所在地区如何促进注册学徒制的发展，承担何种责任与义务；正如密歇根所取得的成功经验，集中精力把企业和参加培训的人员组织起来，从联邦政府那里争取补贴，促进两年制学位建设等，增强本地区学徒制的发展水平。

第七章 社区学院：处于伙伴关系中心地位的美国创新

在过去的一个世纪里，美国人非常幸运，拥有独具特色的高等教育机构——社区学院来为其服务。1920年，美国第一个社区学院——乔利埃特初级学院（Joliet Junior College）成立。这所学院招收那些负担不起“名牌”大学学费的学生，为他们提供高品质、低费用、低门槛的高等教育。这个社区学院的创立带来了以下变化：

- 学院通用课程相当于其他大学前两年开设的课程，最初这类课程被称作大学或学院平行课程。这些通用课程包括：新生英语、大学代数、通用社会科学、自然科学等。
- 社区认为有必要在学院里建立一个工作场所，以便进行职业领域中的工作和技能课程教学。
- 当地社区期盼能够开设成人和继续教育的相关课程，包括取得普通高中文凭的预备课程、行业证书的预备课程或其他科目的课程。

建立方便本地学生入学的学院，这样的理念很快得到重视。仅仅几十年的时间，社区学院就在美国得到了推广和普及，到20世纪50年代中期，美国几乎每个州都建立了当地的社区学院体系，许多社区学院最初是作为当地高中的分校而建立的，但后来就被分离出来了。

今天的社区学院对达到区域认证要求的学员能够提供可转换的大学学位，该学位可以得到大学的认可，经过大学学习，可以取得大学学士学位。此类社区学院还为职业技术研究领域提供大学副学士学位，这些学位获得了更为广泛的认可，不管怎样，随着职业阶梯通往高等教育保障的不断加强，社区学院所授予的学位也在转换过程中得到更多的认可。

然而，本书的重点是关注社区学院作为合作伙伴，在实施注册学徒制中如何发挥作用。在国际上，大部分的国家学徒培训模式都拥有一套适合的体系，使学徒能够进入学校进行相关技能和职业课程的学习。在德国，被称作“职业学校”（承担职业教育与培训的职业学校，或VET）。瑞士使用的是与德国相似的体系，企业与职业学校合作，以此来完成学徒制的岗位培训。我建议把美国社区学院看作是基于社区的机构，使其处于优势位置，不仅扮演着合作者的角色，还作为劳动者培训选择和职业发展的途径，以此促进注册学徒制的不断发展。

为什么这样说呢?

让我们来看看社区学院的巨大潜力，它可以激发企业或行业扩大员工规模或者通过学徒制培养学徒以填补岗位空缺:

- 首先，社区学院在社区中具有举足轻重的地位。

社区学院作为特许设立的地方机构，学校董事会由当地或地区公民或居民选举或者任命而产生，没有哪个机构像社区学院一样，面向不同选区开展多样化的社区服务工作。学院开设有学术理论、职业生涯、技术服务、休闲娱乐类课程和专业，面向社区开展咨询、考试和评价工作。在很多情况下，甚至开展医疗服务。我所在的学院开设学位课程，开展测试与评估;开设非学分类通用兴趣课程，开设牙科诊所，开展娱乐活动、日常护理服务、烹饪及餐厅服务、美容服务以及全年的课外活动和青年夏季活动。

由于董事会成员都来自本地区，熟悉社区及社区居民的情况，并受到当地企业、民众以及领导的尊敬。因此，社区学院的领导体制能够帮助和支持企业的发展，为企业提供必要的服务，同时也促进学徒制的运行。然而，社区领导必须认识到经济的发展有利于社区和本地的企业，有利于作为学生身份的学徒，有利于学院的招生工作。[1]综上所述，在凯霍加社区学院得以印证，凯霍加社区学院的院长与本地区建筑行业建立了良好的合作伙伴关系，以支持学徒制培训工作。[2]

接下来：

- 社区学院已经在所有的或者说所有必要的跨组织之间、合作伙伴之间建立起了合作伙伴关系，这些都为学徒制计划的实施奠定了基础。

社区学院已经和基于社区的组织建立了合作伙伴关系，例如商会、行业协会、劳动力投资委员会、退伍军人管理委员会、州劳动部门等。有时，这些组织在校园内设立办公地点，接下来，自然而然地促使这些合作伙伴与当地企业一起开展学徒制培训。接着，学生将会成为本地区或者区域企业、劳动部门、退伍军人协会等组织的学徒候选人。学院从事学术教育的工作人员需要认清其中的互利关系，它对学术理论、劳动就业、经济发展和学生都有益处，通过与行业之间搭建稳固的桥梁关系，促进注册学徒制的建设，也给社区带来了利益。北卡罗来纳州中部皮德蒙特社区学院与“学徒制 2000 计划”建立合作伙伴关系，就是一个很好的例证。

社区学院职业咨询委员会

另外，社区学院应该建立活跃的职业咨询委员会，成员由当地企业人员组成，监测每种职业和技术专业，包括他们的课程设置和课程标准。这样，从专业的本质上反映出教育和行业之间的联系。职业咨询委员会在瑞士的体系中加入了专业协会的职能；在德国加入了产业联盟的职能；英国的学徒制使用的是产业部门委员会体系；美国社区学院就业咨询委员会遵守《卡尔·D. 帕金斯技能教育法案》（Carl D.Perkins Technology Education Act），如果一个学校或学院打算使用帕金斯资金用于自己的专业建设，则必须遵守此法案。这项法案探讨了委员会的组成以及会议安排，职业咨询委员会成员必须要保证代表着职业领域的方方面面，包括在职工人和监督者。[3]

注册学徒制计划也有一个监督委员会，要求依照《菲茨杰拉德法案》建立。我认为，当一个企业为寻求教育支持而与学院合作开展学徒制计划时，应该安排一个或多个联合会会员，他们同时是双方委员会的成员，这样做，可以保证在两个组织之间进行有效的沟通。

相对于学校相关必修培训课程来说，社区学院可以为学徒制提供更多的服务。

- 社区学院拥有招收学生的资源，通过广泛深入社区，确认哪些学生能够从学徒制培训中受益。

对于公司或企业来说，招收学生来做学徒是一项非常有价值的服务。社区学院根植于社区，因此能够为雇主提供这项服务。通过常规推广方案，包括职业中学、宗教组织、基于社区的组织、新媒体等，学院能够有效地保障学徒的招募工作，并且能够满足企业必须遵守的就业规定。

社区学院拥有一套完整的结构体系，用来进行学生的持续招募工作。他们和当地的高中学校、宗教组织、社区组织等保持着联系，保证学生的招募率。社区学院的工作人员知道如何使全社区的人都知道招生信息。没有哪个其他的高等教育机构能够达到社区学院所能达到的深度和广度；而这恰好是企业在招收潜在学徒时所期望和需要的。51%的企业在回应美国“劳动、就业、培训”（合称 DOLETA）关于学徒制承办的调查时，都表达出了这样的观点。[4]

另外，由于美国 21 世纪青年学徒制计划的原因，许多职业中学和社区学院与高中和大学建立了青年学徒制合作伙伴关系，这将有益于企业，可以使在职青年工人有继续成为学徒的机会。瑞士的学徒制发展显示出了这方面的重要性，在高中时，就使青年接收职业意识方面的信息，有机会通过学徒制更早地进入职业培训（这在某些方面和美国青年学徒制类似）。

- 学院有对学生进行测试和评估的资源，以此判断学生是否具有成为学徒的知识储备。

通常，实施学徒制需要对学生基本潜质以及学习效果进行入学测试。社区学院已经有一整套的方案对潜在入学的学生进行评估，以此来解决学生的学习问题。[5] 学院也会对即将入学学生的阅读能力和计算机水平进行考评，以便保证学生达到学院所要求的标准和水平。许多学院会用 ACCUPLACER 系统进行测试，可以立即得到结果[6]，这些信息雇主也可以得到。通过与学院的合作，这些学生可以为学徒入门基础工作做好准备。在学徒制实施过程中，学校测试中心的员工和专业人员也会对雇主提供帮助，因为学徒年复一年地学习，个人能力逐年增强，企业需要对学徒的进步程度进行测试（认知或表现），测试中心的员工则会为企业制定标准或用企业现有的测试工具对学徒进行测试。

社区学院测试中心同时具备特殊技能测试的能力，例如体能测试［包括预备学员体能测试（the Candidate Physical Agility Test）］。[7] 我们对消防员和警察也进行了类似的测试。[8]

• 社区学院能够提供“双元”招生服务，一是为学院招收学生，二是为州劳工局招收注册学徒制学徒。

一些社区学院也有学徒制协调员，帮助劳动部门进行学徒注册。他们也配备了专业人员进行测试和开展评估工作，辅助企业筛选达到入门要求的学徒。注册学徒和社区学院的双重学位或职业资格证书，为学生搭建了升职和终身学习的阶梯（见图 7. 1）。

• 社区学院能够通过必要的专业计划做出快速反应，对大范围的学徒培训领域提供支持。

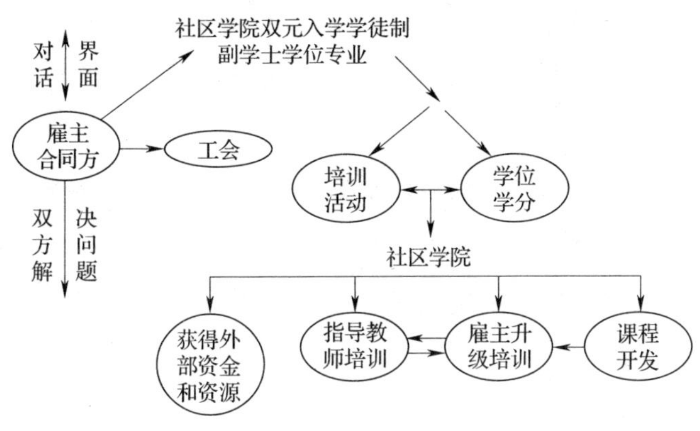

图 7.1　社区学院双元入学学徒制副学士学位专业

社区学院学术教育和职业教育服务并存，并且能够为公民和企业提供所需要的服务。社区学院负责开发必要的课程和开展专业培训。学院负责学术教育的领导必须理解，支持学徒制将会对学院的职业教育专业建设产生积极的影响，并能确保它成为学徒学生步入高等教育的阶梯。

美国的社区学院在成人教育方面积累了丰富的经验，具有与行业企业合作、设计定制教育计划的特殊能力。一项美国劳动、就业、培训管理局的调查显示，41%的受调查雇主表示自己期望找到高质量的相关课程。[9] 社区学院拥有综合所有经验去设计、开发和管理学徒制专业计划的能力。

学院也提供学术服务：

- 课程方案满足学徒制相关培训要素的需要。

• 学科课程包括数学、英语，这些通识教育科目能够满足学生达到学习大学课程的水平，能够升入大学取得副学士学位。

• 副学士学位或获得职业资格证书的课程对学徒制专业起到支撑作用。

• 认可学徒制岗位培训作为大学学位或者职业资格证书的组成学分。

事先学习评估（PLA）

一些新聘用的学徒拥有先前的工作或学习经历，根据联邦21世纪注册学徒制的政策规定，这些学徒可以在学徒期间申请对事先学习进行评估，以取得免修学分。社区学院的管理者必须认识到今天的学生不希望重复学习自己已经学过或者已经掌握了的知识，包括岗位培训以及生活经历。根据《美国教育委员会事先学习评估》（P rior Learning Assessment with the American Council on Education）的规定[10]，社区学院已经制定了一套事先学习评估规则，对学徒已有的学习情况或工作情况进行评价，然后由学院推荐给雇主，适当地免修学分或者免修获得学位或职业资格证书的学分。这已成为注册学徒制非常重要的组成部分，对学徒和雇主来说都是需要的。

同样地，如果企业打算根据申请人之前的表现评估在学徒过程中是否免修学分，社区学院能够辅助雇主一起评估学徒先前的技能掌握程度。许多学院和国家职业能力测试研究所（the National Occupational Competency Testing Institute）一起对照行业职业能力标准进行评估[11]，国家职业能力测试研究所能够帮助设计学徒职业能力标准。

为了使以上所说的能够实现，通过学徒制系统化的基于能力为本位的岗位培训，获得大学学分，取得相应的学位和职业资格证书，学院主管领导应该认识到其合理性。学徒岗位培训要求严格，充满挑战。所以，学徒应该享受双元制和高等教育衔接带来的益处。这是一个现成的机制，这取决于学院一方的态度和意愿。我保证一旦这个双元录取机制的大门打开，包括全日制学生在内，将会展示出合作伙伴的最高价值。

- 社区学院也为合作伙伴提供学徒制学生补充资金。

在其他国家，学徒制相关的教育和培训由雇主或政府提供。美国的企业已经开始认识到，这是对学徒制学生最根本的激励因素。70%接受 DOLETA 调查的企业表示，他们为学徒制相关教学支付费用，23%的学徒自己支付费用。学院可以通过不同的渠道获取补充资金，这为企业节约了成本。

- 美国教育部——佩尔助学金（Pell Grant）支付大学学费。
- 美国教育部——《卡尔·D. 帕金斯技能教育法案》（Carl

D. Perkins Technology Education Act）资金支持学徒制计划中的技术课程相关费用，包括设备、工具和实验课程中的原材料费用。

- 美国退伍军人委员会资金支持退伍军人通过学徒制计划学习技能。
- 劳动力创新培训法案抵免学徒制培训成本，社区学院和劳动力投资委员会保持着紧密的合作关系，目前学徒制是劳动力培训的首选方式。
- 州一级的经费提供专项援助。
- 对学徒制计划协调员的资助。
- 私有资金提供奖学金和学徒制计划发展基金。
- 通过政府合作伙伴得到特殊人群补充资金，例如职业康复和退伍老兵福利。

所有这些资源恰恰是21世纪美国学徒制所需要的，社区学院的合作伙伴说过，它是学徒制取得最终成功的重要组成部分。

社区学院遇到的障碍

为什么社区学院在参与学徒制合作方面没有在更大的范围内进行呢?

- 所有社区学院缺少对学徒制的全面了解，缺乏足够的信息。

社区学院的领导和员工需要更加熟悉注册学徒制的实施过

程，需要理解为什么社区学院拥有“黄金机遇”，在企业合作中处于中心地位。另外，接受调查的雇主中有55%的雇主认为，他们需要更多的信息以了解社区学院如何进行协助。目前促进注册学徒制发展的体系框架通过了美国劳工部或州劳工局学徒制办公室的审核。一般来说，这些组织没有深入社区学院了解有关学徒制的信息。目前奥巴马政府发起了一项自发的21世纪社区学院学徒制联盟，为学院和企业的优秀实践提供了一种推广方式。从州一级来说，新泽西劳动部门通过与新泽西社区学院签订对接协议，建立提前评估课程，制订岗位培训计划，提前为注册学徒制商讨学分协议，以此为学徒提供支持。对这个独特的项目提供的资金支持于2014年1月终止了。

● 社区学院的高层领导把学徒制视为古老而过时的教育方式。

不幸的是，很多学院领导以及主要学术官员将学徒制视为一种过时的培训方法，认为这种方法和现代高等教育或者职业教育没有关系。许多年来，当我写下来并且谈论注册学徒制以及社区学院对学徒制支持的优点时，我好像是高等教育机构中谈论此话题的寥寥无几的学者中的一员。社区学院的首席执行官们需要认识到，学院需要与企业和行业进行合作，才能实现最好的技术教育。学院无法再单独行动了，因为如果学院单独行动，则必须为采购精密仪器而支付高额费用，同时多个高新技术专业的招生数量也会受限，愿意领取学院工资的专业指导教师数量也不够，一些专业的招生人数偏低。还有许多其他问题在培训过程中都必须通过合作而实现。

接下来：

• 人们有一种错误观念，认为注册学徒制是隶属工会的工人所拥有的培训过程。

尽管大多数学徒制被工会组织拥有，但是培养劳动工人的专业不再占多数。全国仅有大约20%的注册学徒被工会组织雇用。有许多实例反映出，工人已经深入社区学院进行相关课程的学习，我们将要更多地讨论这些特殊的计划。

• 学徒需要学院学术技能补救。

另外的障碍来自学徒自己。有些学徒在学术知识方面表现不佳，获取大学证书的愿望就不是很强烈。学徒的学术技能（尤其是基本阅读能力和数学能力）可以在他们学习大学课程之前进行补救。以我作为消防科学项目协调员以及学院管理人员的经验来看，这是一个阻止学生拿到学位和证书的唯一问题。

所有的社区学院都应该具备一套评估方法和组织适当补救的办法，或者是开发一套教育课程。学员必须去参加此类课程的学习。企业必须为学员提供参加补救课程的动力，如果学员获得学位或取得职业资格证书则作为学徒协议的一部分。课程的费用一般根据《劳动力创新和机会法案》予以支付或者由其他类似资金支付。

回顾目前美国社区学院的做法，许多学院正在和学徒制的提供者开展合作，提供有关成人教育或无学分的学校课堂培训。我认为，这种行为显得目光短浅，因为这些学院错失了全日制学术教育的同等资助机会。这样做，限制了学徒的能力发挥以及学术方面的发展，也失去了进而取得最终学位的机会。以能力为基础的专业标准是学徒制相关教学有效性的底线，是取得大学学位或职业资格证书的信誉保证。

- 就学院领导而言，缺少对基于能力标准的注册学徒制的理解。

学院的主要行政领导必须明白，社区学院需要确保职业和技能类专业课程设计要以能力为标准，由行业专家制定。这些专业课程需要根据注册学徒制和社区学院学位或职业资格证书双元录取的目标建立课程模块。以能力为本位的标准同时也是21 世纪注册学徒制政策的组成部分。我要强调的是，它通常是以行业标准为基础，需要加强社区学院和行业之间的合作。

佛罗里达的学院已在州教育部门的层面将这些标准汇编成了资源库。这些标准被称为课程框架，由职业和技能课程标准衍生而来，包括中等职业教育、成人职业教育和社区学院学位或职业资格证书课程标准。[12] 这些标准由行业和企业开发并且定期验证其时效性，为的是它能够反映出熟练工人的技能、知识、态度以及能力状况。必须仔细确认保证课程所用的是最新的经过验证的行业标准。在我从事高等教育职业的早期，我以促进者的角色开发一些类似的标准，之后我在佛罗里达的两所社区学院利用这些标准开发并修改了职业和技能课程。然而，这些标准是底线，需要学院和它的课程咨询委员会保证课程是最新的，能够反映出当前技能的需要。

来看另外一种制定行业标准的方法。弗吉尼亚日尔曼纳社区学院在当地几个主办学徒制的制造商的请求下，采用了国家建设教育能力与目标建设中心（the National Center for Construction Education's Competencies and Objectives）“工业维修技师”以及相关培训模块作为相关教育课程，并作为日尔曼纳社区学院大学副学士学位的课程标准。[13]

当今，各种职业和行业都有过多的标准组织。开展学徒制培训的企业需要辨别出最合适的标准、符合企业职业岗位的技能和适当的知识。企业可以找学院的员工做指导和帮助，然后做出选择。

- 社区学院在教师招聘和培训方面拥有程序和资源。

大多数社区学院都有自己的方法来促进专职教师的发展。一些学校也将这个方法或要求用在兼职教师身上，为兼职教师提供机会，如果这些人隶属继续教育部门的话，不会有太多的人把注册学徒制教师视为兼职教师。教师是培训课程的命脉。

大学的教学运行就如同熟练工人在企业岗位上为学徒指导一样，这两种角色都需要教和学的技能。为了消除社区学院教师离开企业或行业，失去接触职业领域机会的顾虑，教师必须继续接受培训，升级教学技能和特定行业所教授的内容或手艺。在一些欧洲国家，如葡萄牙和荷兰，对带学徒的熟练工人或导师都有严苛的教育要求以及职业和培训方面的要求。

对于学院教学的技能要求，大多数学院都为所有教师设立了专业发展和职业资格认证程序。然而，对学院管理人员的挑战是如何找到合适的方法和途径，使教师在职业和技术方面在他们各自的专业领域与时俱进。在我的职业生涯里，我利用了多种方法，包括和当地的企业进行合作：（1）教师校外实习或几个学期深入企业；（2）以行业为基础的培训课程学习。

例如，国际电气工人兄弟会和国家电气承包商协会对一个夏季培训机构进行赞助。该机构对学徒指导者、学徒制委员会成员和教学管理人员进行培训。[14] 在培训中，请来的教育学大师和专业教育工作者为学徒指导教师展示了他们各自领域的看家本领。佛罗里达社区学院拥有一个面向所有社区学院教师的专业发展课程。学徒制的提供者可以任用企业的熟练工人作为社区学院的兼职教师，使他们从专业的发展机会中受益。

- 对雇主和学徒来说，大学课程计划存在着不便。

由于课程安排的固定性，使得学徒很难参加学校的课程学习。[15] 解决这个问题，可以通过整合在线教学和课堂教学两种方式进行。对于学徒来说，在线课程部分可以被分离出来，安排在企业或者学校进行。

- 社区学院的课程与学徒制的需要不能很好地对接。

在这个高科技、专业化的时代，大家普遍认识到，目录中的相关指导课程可能针对性不强，不起作用。[16] 解决这个问题的办法是，学院需要找到一个有代表性的行业协会，找到它的资源，作为合作培训素材，从这些课程中总结出行业标准。这个过程很耗费时间，但对我来说，它很奏效，它能够满足企业的需要。日尔曼纳社区学院的员工和几家企业合作，对国家建筑教育与研究中心开发的行业修订课程资料进行了识别和确认，使它更加符合企业培训的需要。

目前一些伙伴关系的案例

现在，让我们来看看美国一些社区学院注册学徒制安排的案例。

北卡罗来纳州的一些社区学院，逐渐加强了对当地主办学徒制企业集团的服务工作。皮德蒙特中心社区学院地处夏洛特地区，是“学徒制 2000”企业联盟的一分子。学院在学徒制中的角色是多方面的，包括加入一个为高中学生开办的夏季培训机构，为准学徒提供培训课程，这些学生已经申请了学徒制，并参加过首轮几个层次的筛选和面试。这个夏季培训机构能够使学生获得一些经验，熟悉生产流程，展示其能力，掌握技术理念以及提升团队合作能力等。根据学生在夏季培训机构的表现，机构选择潜在学徒，被确定为潜在学徒的学生高中毕业后，被分配到不同的企业开始他们的学徒生涯。皮德蒙特中心社区学院为双元录取的注册学徒提供机电工程技术副学士学位。学院认识到注册学徒制取得成功的关键在于，学院提供的咨询员对学徒在实施学徒制过程中给予的指导以及可以提供给学徒的就业岗位。同时，学院也参加了企业内部咨询员的辅导工作。

另外，皮德蒙特中心社区学院为社区企业提供注册学徒制助理。学院的广告语说："请让皮德蒙特中心社区学院为您的公司建立学徒制，让它成为您培训策略的一部分，您就可以依靠学院组织实施：

- 支持学徒候选人筛选程序。
- 协调北卡罗来纳州商务部门的活动以及帮助您完成协议程序。
- 提供职业资格证书、毕业证书和学位证书的课程选择和有关要求的具体信息。
- 协助方便快捷地选择皮德蒙特中心社区学院资金赞助(资金支付过程)。"

皮德蒙特中心社区学院提供开展学徒制的全部企业名单，

掌握小企业从开始到运行学徒制培训的整个过程，愿意提供支持服务。[17]

皮德蒙特中心社区学院学徒制

支持“建立一个学徒制计划”

值得期待的内容：

下面是建立学徒制计划的典型顺序。

第一次会议： 我们会了解您的特殊目标需求和操作程序。我们也会介绍我们自己的团队，分享学徒制的细节，介绍我们可以给企业带来什么潜在的好处，展示一些案例和学生的例子。通常来说，这些事情在您的公司进行，包括教职员工参观企业或工作场所的指导咨询。

第二次会议： 我们邀请您到我们学院，参观实验设备设施，在这里您可以与学生以及教师进行交流互动。在这次会议上，我们将会商讨如何让我们的学习目标以及学生的技能应用到您的工作场地。

第三次会议： 如果我们都觉得合适，在第三次会议上将制定具体实施细节。我们将再次回顾指导方针以及今后的展望，以便我们能够更好地评估这次经历。

资料来源：皮德蒙特中心社区学院“咨询会与未来企业讨论注册学徒制”，https://www.cpcc.edu/clc/workplace-learning/apprenticeship-charlotte-resources.

“学徒制2000”计划为北卡罗来纳的企业提供了一个参考模型。经过宣传与推广，另外两个联盟也成立了。其中一个就是学徒制卡托巴，德国莎斯特（Sartstedt）公司、特克里贝尔特公司（Technibilt Ltd.）、堤罗沃罗沃文斯公司（Tenowo Nonwovens）和德国采埃孚股份公司（ZF Friedrichshafen AG）等几家公司与当地的两个校区以及卡托巴谷社区学院合作。这个联盟要求申请学徒制的高中学生各科平均成绩（GPA）要达到3.0分，并且要求有咨询指导教师或技能课教师的推荐。卡托巴谷社区学院招收学生的口号是：“享受与机器人合作共事的职业，享受计算机或电子设备辅助设计的快乐！”[18] 第三个联盟坐落于罗列达勒姆三角地区，联盟名称为北卡罗来纳三角学徒制，它与韦克技术学院合作，其学徒制操作方法与上述流程相似。

南卡罗来纳也吸引了全国的注意，其核心是南卡罗来纳技术学院体系。它所处的环境适合开展注册学徒制，因为欧洲的公司是这个州最大的企业群体，尤其是德国的公司就在这个州。正是这些公司集体要求南卡罗来纳技术学院拓宽注册学徒制的服务范围。“学徒制卡罗来纳”（Apprenticeship Carolina）是南卡罗来纳技术学院的一个部门，这个部门成立于2007年，该部门的成立有助于增强社区的关注度，为企业寻求学徒制培训流程提供咨询服务，招收学生成为学徒，向企业讲解税收抵免政策和主办学徒制的其他收益。南卡罗来纳技术学院筹措资金的行动以及创建这种新型服务模式，是由2003年南卡罗来纳商会发布的一份报告驱动实现，这份报告中提到了南卡罗来纳州企业参与注册学徒制的比例偏低。然后，商会与南卡罗来纳技术学院院长接触，支持学院扭转这种局面。这个新成立的南卡罗来纳技术学院的部门，配备了专职人员，作为学院的代表深入全州的企业中去，为企业提供各种服务。[19]

华盛顿两个州社区学院——塔科马市的贝特茨技术学院（Bates Technical College in Tacoma）和南西雅图社区学院（South Seattle Community College），与行业企业合作开展学徒制培训。贝特茨技术学院参与了该州11个专业的学徒制培训，它把这些专业的协调人公布在了互联网上。[20] 在大多数情况下，这些企业都属于制造业和建筑行业。贝特茨技术学院为学徒身份的学生提供一个取得“学徒制大学副学士学位”（Apprenticeship Studies Degree, AA-S）的机会。学生需要接受6 000小时的岗位培训、432小时的学徒相关教育（由企业进行），以及在学院进行的20学时的普通教育课程学习，这些课程包括通信、英语、数学和社会科学。

南西雅图社区学院在其网站上详细地介绍了作为学徒的角色，以及毕业之后成为熟练工人的机会。[21] 这个网站是为学徒以及企业雇用潜在学徒量身定制。网站可以与华盛顿劳动部门、行业以及注册系统进行链接。目前，南西雅图社区学院与网站上大约18个行业企业开展了合作。另外，这些企业除传统的制造业和建造业以外，还包括航空航天类企业。这些企业提供一些高科技应用技术岗位。南西雅图社区学院同样可以为学徒提供多种职业领域、不可转换的“学徒制大学副学士学位”，但要求学徒必须完成6 000小时的岗位培训、450小时的企业相关教育，以及完成15个学分的学院课程，包括应用文写作、技术文档写作、技师应用数学、人际关系心理学和项目管理。

威斯康星州很早就意识到学徒制作为一个培训过程，对掌握一门技术或一个职业，保障劳动力就业十分重要。在前面已经讨论到，威斯康星州的劳工法最早涉及学徒制。威斯康星州建立了全国高度认可的两年制技术学院体系，州内共有16所技术学院，沃索中北技术学院（Northcentral Technical College）是16所技术学院中的一所，它与当地的企业以及企业集团开展合作。在中北技术学院的网站上，对学徒制学习进程、合同协议、一些合作者的角色及其职责都有简明而详细的描述。它可以指导学徒候选人完成学徒制申请流程。对于每个领域（例如电力设备）都有一个学院链接，详细描述申请学徒制的要求、学徒制条款、申请流程。介绍了某一领域的工作情况、从业人员需要具备的身体素质以及受教育情况。在这个过程中，候选学徒确认选择的企业，并需要通过企业向劳动部门提出申请。中北技术学院每周有一天8小时为学徒和企业提供相关指导。

学院的教学中心也为学徒开设数学和阅读课程的补习提高班。

相当一部分大型生产企业具有举办学徒制的历史。许多年来，纽波特纽斯造船厂有一个多工种的学徒制培训学校，拥有800多名学徒，每年招收大约250名新学徒。该公司与弗吉尼亚罗兹汉普顿区的泰迪沃特社区学院（Tidewater Community College）和托马斯尼尔森社区学院（Thomas Nelson Community College）进行商谈，探讨大学课程作为岗位培训补充的相关教育，为学徒提供取得大学学位的机会以及解决职业生涯培训方面的问题。公司也与欧道明大学（Old Dominion University）就学术方面建立了合作伙伴关系，为学徒在工程领域取得学士学位进行课程衔接。这是为学徒取得这类学位的首创。[22]

纽约州立大学帝国州立学院（Empire State College of the State University of New York）在许多方面都独具特色。它与许多行业企业、政府部门、军队以及劳工组织建立了合作伙伴关系。它与国际电气工人兄弟会以及纽约地方3就学徒取得大学副学士学位进行合作，我认为这是它最重要的合作关系。地方3在学徒制协议中规定了取得大学副学士学位的具体要求。在这项合作中，如果目前学徒完成了劳动研究大学副学士学位课程学习和相关的学徒制培训，成为一名熟练工人，他可以在帝国州立学院继续学习，取得劳动研究学士学位。这项合作为电气技师寻求到额外的教育机会，搭建了真正的职业教育阶梯。这种合作伙伴关系展示了21世纪美国政府正在促进的学徒制。

其他的企业以及企业联合会已经在国际电气工人兄弟会以及纽约地方3中起到了带头作用。在联合会地方1管道工及管道维修工学徒制计划中，如果学徒在帝国州立学院完成了劳动研究专业大学副学士学位学徒培训，他们将会获得40个大学学分。

课程评估

在所有注册学徒制中，要根据岗位培训进程，每半年对学徒进行评价，每年对整体进展情况进行回顾，这也是为了给学徒晋级工资找到依据。每一门课程结束以后要对学徒相关课业表现情况进行评估。学院也要对开设的学徒制课程进行评价。如果出于行政管理目的，凭经验开设了某一门课程，那么也要对学徒岗位培训情况进行评估。如果学徒提交的是事先学习评估学分，那么学院将根据已有流程进行处理。

美国21世纪学徒制专业评估可由学院与企业以及其他合作伙伴共同进行，这被称为形成性评价，其主要目的是改进专业。

政策建议

我建议，应当把社区学院作为美国21世纪学徒制发展的自然催化剂。

社区学院可以在很多方面支持本地企业。正如前面已经讨论过的一样，注册学徒制不仅仅是单一的劳动力培训，通过注册学徒制，学徒最高还可以取得大学副学士学位。

从政策制定的角度来看，我认为社区学院可以通过以下一些建议来支持和参与到注册学徒制中去。

国家/宏观层面

- 美国社区学院委员会和社区学院创新联盟应在社区学院中倡导开展相关的教育与培训,把教育与培训作为注册学徒制的组成部分，并在这方面发挥引领带头作用。

正如大多数欧洲国家以及世界上其他国家的学徒制模式，我们需要建立一个专门机构进行倡导推广，使全国都能理解并接纳注册学徒制。全国社区学院倡导组织，如美国社区学院委员会和社区学院创新联盟，应该从官方的角度，在全国的社区以及技术学院中，推动注册学徒制作为劳动力教育的首选方法。社区学院需要根据企业的教育培训需求和计划，制定出相应的专业规划。学徒制的最终结果也必须包括学徒取得大学副学士学位。

机构层面

- 社区学院的领导也应认识到学院所肩负的责任，在注册学徒制行政管理方面为企业提供支持，帮助他们在劳动部门对学徒进行注册，招募潜在学徒，组织进行测试与评估，开发相关课程以及评价标准，联合招收获取大学副学士学位或职业资格证书的学徒。

合作伙伴

• 社区学院的领导应该与本地区的职业中学和企业进行合作，促进青年或准学徒制的发展，使他们继而参加成年注册学徒制以及学习社区学院学位课程。

• 社区学院的领导应该推进与当地劳动委员会的合作，促进社区的方方面面都来参与注册学徒制。

学术规划

• 社区学院的领导和教师应该在学徒制有关的非学分课程与大学学位学分课程之间建立内部衔接机制。

• 社区学院应该把学徒已取得的行业证书计入学院课程的学分。

• 社区学院可以将学徒制岗位培训与相关大学副学士学位教育结合起来，为学徒搭建更高的职业教育阶梯。

• 州内交流中心，例如新泽西交流中心是非常优秀的学分登记场所，是促进学徒制学分与大学学分衔接的场所，是确认学徒制学分等同于大学学分的场所。也许社区学院的领导和劳动部门的官员可能同意在全州范围内建立类似的交流中心。

• 社区学院的领导和教师应将大学副学士学位课程的开发纳入注册学徒制中。

• 社区学院的教师要认识到，应将国家行业标准作为注册学徒制岗位培训和相关课程的最低标准。

• 我们应该采纳更多的类似于全国金属贸易协会的标准（NMTA Standards）和国际电气工人兄弟会/全国社区教育协会（IBEW/NCEA）的标准。我为美国推荐代表加拿大学徒制的“红章计划”标准。对美国来说，构建国家注册学徒制体系也许最重要的是为学徒制设计一套统一的国家标准。

• 社区学院的教师应该帮助企业培养自己内部的学徒指导教师和工作岗位指导教师，对他们进行教学方法包括远程教育的指导。

• 国际电气工人兄弟会/全国社区教育协会每年夏季都在其研究所组织教师培训，指导教师专业发展。欧洲也有对学徒制指导教师进行培训的要求。美国也需要认识到学徒制指导教师专业发展的重要性。

因此，可以说美国社区学院是美国21世纪学徒制发展的自然催化剂。

第八章　技能标准与行业证书：学徒制培训框架及与大学学位、毕业证和职业资格证书的衔接

这一切都源于什么？

在与企业主和企业经营者会面的过程中，我们就主办学徒制这一问题展开了讨论。我发现，雇主对涉及劳动者技能标准的详细信息并不十分感兴趣，或者说它并不是雇主的个人专长。雇主在考虑支持学徒制时，意识到其中最大的障碍或许是不得不在协议里向劳动部门和教育提供者明确具体的培训标准。但是，学徒制培训应该以一类职业、行业或专业制定行业标准，所以，它是一项需要提前考虑的重要计划。

在我写本书时研究发现，目前在美国的注册学徒制中，总体上给予行业标准定义的关注很少，这不只是企业经营者的问题。雇主认为，学徒确实应该掌握工作技能和进行相关的培训，但是我现在不清楚学徒应如何掌握技能，在哪里进行培

训。当然，在我的研究过程中，也有意外发现。国际电气工人兄弟会的学徒制就得到了准确的定义和记录存档。在为小企业或特殊职业制订学徒制计划时，是基于企业自身特点而设计的，这样的学徒制标准就不太好确定。正是由于美国的这种注册学徒制环境，行业认可的标准和行业实施的标准通常不会被例行地应用于学徒制培训当中。艾尔斯（Ayres，2014）也提到了我所担心的事情。很多企业搞不清楚学徒应该知道什么，或者已经掌握了什么？这是由于企业与企业之间、州与州之间的标准前后不一致或定义不清晰所造成的。[1]

企业经营者没有必要在本企业工作范围内所涉及的各个领域都成为专家。经营者愿意雇用有能力的工人，尤其是训练有素的技师，但是在雇用时，企业总是感觉事与愿违。即便如此，了解特定行业的标准和工作流程在实施高质量的学徒制培训时就显得尤为重要。如何确定培训内容呢？企业可以使用熟练工人的技能标准，但是在美国的学徒制机制或实践中，缺少的是一个“中介”，即由行业主办的劳动者技能鉴定体系和能力认证体系，用以支持企业和学徒。本章将着重讨论其他一些国家把学徒制作为劳动力发展主流趋势的实践与经验。

技能标准和行业认证的基础

背景回顾。在美国 20 世纪 70 年代，行业培训标准成了大家讨论的话题，那时美国知名的产业，如汽车制造业、服务业、电子产业正在遭受日本高质量产品的冲击。不久，美国开始了转变，这就是众所周知的“全面质量管理”（Total Quality Management），与此同时，高度重视整个公司或企业的生产过程，包括人才培养。

20世纪八九十年代，劳动技能标准运动越来越受到人们的关注，到了21世纪，随着信息技术的繁荣与发展，IT企业却很难找到训练有素的员工来满足蒸蒸日上的产业发展需要，当时正式的IT培训项目很少，学校、学院和行业内部培训课程的开发和专业建设方面的发展也很慢。因此，建立一套帮助企业判断、比较、评估和发展行业劳动者能力的行业标准就显得十分必要了。

关于工作技能标准，企业人士和政策制定者应该知道什么？

工作技能标准。在工作场所中，劳动者表现或技能标准是一种工作规范。该规范明确了个人必须拥有足够胜任某一职业的复合能力（KSAs），包括知识、技能和其他能力。如果规范被应用，那么其中的复合能力必须能够被量化。用学徒制的术语来说，工作表现的标准被称为工作流程。这些工作流程描述了构成需要培训学徒的工作或职业的表现需求，更简单地说，是让行业成员遵循的流程和技术规则。

国家新兴技术劳动中心开发了“金字塔”技能标准，准确地展示了职业技能发展的逻辑关系。埃文斯（Evans，2002）描述了劳动者技能金字塔的三层结构：第一层，一系列的基础技能和就业技能，即所在领域的所有劳动者都应该具有的基础知识和能力以及天性本能（例如解决问题的能力和团队合作的能力）；第二层，一系列的专业技能，包括此产业群里所有劳动者的普遍知识和能力；第三层，特定职业工作分类的具体专业技能。[2] 表 8.1 描述了能力金字塔的具体内容。[3]

表 8.1　能力金字塔三层技能结构

层级	描述
第三层 特定行业的专业技能 个体企业或组织独有的知识和能力	例如： • 了解并遵循： （1）企业实践和组织协议； （2）行业法律需求； （3）企业和产品标准。 • 了解并高效地使用行业术语。
第二层 专业技能、知识和能力 所有行业里某一职业集群的通用工作技能	例如： • 熟练地使用软件和硬件工具； • 可以熟练地上网； • 理解硬件结构或系统架构； • 解决软硬件问题。

续表

层级	描述
第一层 一系列的基础技能（SCANS） 工作场所所有劳动者需要具备的知识、能力和个人素养	基础技能： • 基本技能（阅读、书写、运算）； • 思维能力； • 个人素养。 职场能力： • 时间和资源管理； • 人际交往技巧； • 信息应用和管理； • 理解和管理工作系统； • 技术应用。

资料来源：节选自 Building Foundation for Tomorrow's Skills Standards for Information Technology, National Workforce Center for Emerging Technologies（Bellevue, WA），2003，p.3.

技能标准为学徒制培训计划的制订、培训结果的测评开发，以及对员工最终能力评价提供了系统的方法。它还有助于发展员工的能力，使其与行业认证协调一致。技能标准帮助劳动者完成层级式的技能认证，而且，不管员工是职位提升还是工作变动，都可以不断地提升技能，并将这些技能运用到新的工作中去。

在世纪之交，从国家层面，联邦法律发布了“目标 2000 工程”（Goals 2000 Project）。“目标 2000 工程”的结果是：根据《美国教育法》（Educate America Act）建立了全国技能标准委员会（National Skills Standards Broad），并创建了全国志愿技能标准体系[4]，把各行各业的知识型员工和雇员聚集在一起，分析工作和职业，建立行业规范[5]。那么，建立这些行业规范的意图何在呢？

技能标准是学徒制计划课程设计的基础。学徒制计划管理人员应该利用这些标准来创设最新的学徒制计划。认证考试应从大学中分离出来，学徒在完成大学课程和项目以后参加认证考试，这样就可以成功地形成传递时代内容的学徒制计划规范，开展学徒制的企业需要注意这一点。对于学徒来说，把大学课程作为学徒制相关课程，这些行业认证标准也可以作为与工作相关的课程规范。

然而，对于企业个体或是整个行业来说，制定和完善劳动者技能标准必须是一个持续的过程。随着行业的发展变化，相应的劳动者技能标准也在发生变化。这些变化必须从对劳动者定期的再培训过程中反映出来，并在不同的劳动者证书再认证过程中实施。由于“目标2000工程”乃政府创建，所以并没有得到产业的广泛接纳。

在一定程度上，为了使劳动者表现得更加优秀，行业发展更加优质高效，“国家技能标准项目”（National Skills Standards Project）把这些行业团体组织起来，为了这个共同目标而奋斗。由于数字化时代创造了新的工作方式，所以电子游戏制造业标准需要正式的定义。在华盛顿，数字化时代所带来的工作方式代表了一个大行业，该行业下的很多公司都需要有能力的职员。该行业与华盛顿湖技术学院（Lake Washington Technical College）联手为电子游戏生产技师职业开发了第一个国家技能标准。[6] 当地以及来自全国的行业代表都为这项计划贡献了力量。雅各比（2013）表示："还有谁比雇主能够更好地设置标准呢？这样一来，企业可以确切地知道在工作场所需要的技能，雇主们比教育者更能感知这些技术所发生的变化，我们应该认真考虑职业培训如何进行才能适应这些变化。"[7]

行业对于劳动者技能标准制定的反应

一些产业或行业组织在本行业内建立了职业岗位劳动者的技能标准。产业成员代表着特定企业以及所考虑到的特殊情况，为制定一系列工作技能标准提供输入素材和指导。正如我所指出的，有很多基于行业的组织代表了几乎所有的行业，它们还为所在行业的劳动者建立了一些行业标准资源库。比如，建筑行业的国家建筑教育与研究中心（National Center for Construction Education and Research, NCCER）、机械和金属加工行业的国家金属加工技能研究所（National Institute for Metalworking Skills, NIMS），以及信息技术产业的全国新兴技术劳动者中心（National Workforce Center for Emerging Technologies）。就注册学徒制而言，若没有这些组织的努力和配合，行业标准就难以建立起来。

国家建筑教育与研究中心起初拥有 125 名行业代表和企业

首席执行官，他们在寻找非官方监管（而且经常是未注册的）手段培养的能够从事各种建筑工作的劳动者，“我们的愿景是能开发出行业和政府都认可的，并可以作为建筑和维修人员培训、评估、认证的标准，以及职业发展的技能标准”。[8]

国家建筑教育与研究中心已经确立了70个手工艺工种的技能标准，并开发了相关课程以支撑对应工种的培训，培训评估合格后，可以获得国家建筑教育与研究中心颁发的行业等级证书。该证书后来被纳入国家注册系统，以便学徒、熟练工、企业和教育机构从中受益。根据2008年修订的联邦学徒制规定，当学徒获得了国家建筑教育与研究中心颁发的并经行业认证的证书后，可以用来满足以能力为导向的学徒制的部分要求。这些证书使学徒的技能得以继续提升，最高可达到熟练工人的等级。

我在潘瑟克拉专科学院（Pensacola Junior College）工作时，曾把国家建筑教育与研究中心的课程在与建筑行业相关的培训项目中进行了应用。在行业或企业部门中，国家建筑教育与研究中心在确认某个职业或岗位的劳动者技能、支撑相关课程模块、指导评估和认证方面都具有深刻的见解。我在美国发现的情况有点接近于欧洲行业协会支持学徒制的模式。

同样地，国家金属加工技能研究所（NIMS）精细化技术标准是由几个金属加工行业协会开发的，被用作不同金属加工和机械加工领域劳动者的能力标准。因为这些标准在促进美国职业技术教育劳动者能力培训方面的作用有所减弱，所以需要行业加强对精密制造技能标准的改进。美国全国加工工业协会（National Tooling and Machining Association, NTMA）国家金属加工技能研究所在24个操作领域发展了美国国家标准协会认定的技能标准和能力评估标准。总共有52个国家建筑教育与研究中心技能认证项目[9]，雇主可以自主选择。弗吉尼亚州弗雷特里克斯堡地区的日尔曼纳社区学院提供的学徒制相关课程中，一些机床店店主就选择使用了国家建筑教育与研究中心的行业标准和课程资料。

为帮助学徒获取国家金属加工技能研究所的证书，美国全国加工工业协会还创建了能力本位、以自主学习为导向的定制化模块（NTMA-U）辅助课程。这些模块课程已获得了多所大学两年制机械制造技术相关专业的学分认定。

全国新兴技术劳动者中心（National Workforce Center for Emerging Technologies）也致力于制定信息技术产业劳动者职业和岗位技能标准。这些技能标准包括数据库开发、数字化媒体、企业系统分析与集成、网络设计和技术写作。从之前讨论的金字塔模型来看，这些标准被分成三个层次进行明确的阐述，包括劳动者在工作场所的通用技能到具体行业的专业技能。[10]

在过去的几十年里，因为一些国家和国际安全原因，公共安全行业发展迅速。在火灾预防控制行业，美国国家防火协会（National Fire Protection Association）创办了技能委员会来开发相关标准，作为主要行业领域的认证基础。通过引入国家职业资格证书体系（NPQS）实现了以下功能：消防员资质认证、协会支持的专业岗位技能和资格认证流程开发，以及证书登记。紧急医疗服务行业也开发了国家紧急医疗技术人员注册系统，来建立和完善这些职业的培训标准。[11]

从国际角度看劳动者技能标准的发展

许多欧洲国家都拥有学徒制体系和产业协会来为各行各业明确、定义和完善职业技能标准，比如澳大利亚、加拿大。我们需要这样的学徒制标准管理体系。艾尔斯认为，我们必须从雇主的角度出发，建立注册学徒制体系，以此作为对可靠劳动者的认证形式，并成为国家目标。我们需要统一的行业标准以鉴定学徒的技能、知识和能力。此外，这将有助于高等教育的发展，因为其允许社区学院认定注册学徒所获得的培训、教育程度和水平，用以申请大学学位。

在英国、威尔士和苏格兰，行业部门技能委员会和机构体系支持学徒制和劳动者技能标准的制定。17 个部门技能委员会和 5 个部门技能机构是由独立的雇主领导的组织，负责开发高质量的技能标准，并界定职业标准和工作能力，以作为学徒制的框架。通过实施与完善标准，提供培训企业名单，把隶属技能委员会的16个不同行业的国家技能学院与企业和学徒培训联系起来。委员会和机构必须在学徒证书签发之前确保每一项资质认证数据的正确性，每一个职业工种提供的材料真实有效。技能标准制定和认证过程由联盟组织——产业技能和标准联盟（the Federation for Industry Sector Skills and Standards）进行协调完成。英国的产业部门范围相当广泛，可为美国学徒制提供一种借鉴模式。

我注意到，在英国行业组织名单中的一些行业是独有的，在美国学徒制中并没有广泛地应用。电影制作和媒体、健康保健、能源生产、运动健身，以及其他行业都是美国处于发展中的行业，利用学徒制开展培训和增加劳动力，将使美国获益匪浅。

英国首相卡梅伦（Cameron）认为，作为21世纪劳动力培训体系，学徒制要把学习者和雇主放在首要位置，对英国人的技能培训要有现代视野，值得英国政府投入大量经费。[12]

英国产业部门技能委员会、机构、国家技能学院

产业部门技能委员会（Industry Sector Skills Councils）

- 固定资产和设施管理技能委员会（the Building Futures Group）——设施管理、住房、物业、清洁和停车

- 金融技能合作伙伴关系委员会（Financial Skills Partnership）——会计、金融服务
- 保健发展技能委员会（Skills for Care and Development）——社会保障、儿童、早期就业和青年劳动力培养
- 科学产业技能委员会（Cogent Skills for Science Industries）——化学、药物、生物技术、生命科学、医疗保健服务、生物医学、环境技术、核技术、石油天然气、石油聚合物
- 汽车工业技能学会（Institute of the Motor Industry）——零售机动车行业
- 创意技能委员会（Creative Skillset）——电视、电影、无线电、互动式媒体、动画、计算机游戏、设施、摄影成像、出版、广告、时尚和纺织品
- 建筑行业技能委员会（Construction）——建筑行业
- 改善食物和饮料技能委员会（Improve Food and Drink）——食品制造、加工、相关供应链
- 健康技能委员会（Skills for Health）——整个健康保健行业
- 文化创意技能委员会（Creative and Cultural

Skills）——工艺、文化遗产、设计、文学、音乐、表演、视觉艺术

• 蓝特技能委员会（LANTRA）——土地管理与利用、动物健康与保护、环境

• 司法技能委员会（Skills and Justice）——社会正义、法院服务、监护、消防和救援、法医、警务与执法、监察部门

• 数字化经济与科技合作技能委员会（Tech Partnership Skills for the Digital Economy）——软件、因特网和互联网、IT 服务、电信和商业服务

• 第一人才信息委员会（People 1st）——服务业、休闲、客运、旅游业

• 活跃技能委员会（Skills Active）——货运物流、批发业

• 能源与公共设施技能委员会（Energy and Utility Skills）——天然气、电力、废物处理、水资源

• 科学、工程与生产制造技术技能委员会（Science, Engineering, and Manufacturing Technologies）——航空航天、机动车、复合材料、电气/电子、船舶、有色金属、机械、空间技术

产业部门技能机构（Industry Sector Skills Bodies）

- 注册金融分析师技能组织（Skills CFA）——工商管理、人际关系、劳资关系、客户服务
- 安保技能组织（Skills for Security）——私人保安行业
- 工程建筑产业培训委员会（Engineering Construction Industry Training Board）
- 材料生产供应技能组织（Pro Skills）——印刷、矿产开采加工、健康、安全、家具制造、玻璃、陶瓷、涂料和纸张
- 萨米特技能组织（Summit Skills）——建筑服务工程

国家技能学院（National Skills Academies）

- 国家建筑技能学院（National Skills Academy for Construction）
- 国家创意文化技能学院（National Skills Academy-Creative & Cultural）
- 国家企业技能学院（National Skills Academy for Enterprise）

- 国家健康技能学院（National Skills Academy for Health）
- 国家金融服务技能学院（National Skills Academy for Financial Services）
- 国家核能技能学院（National Skills Academy for Nuclear）
- 国家食品饮料技能学院（National Skills Academy for Food and Drink）
- 国家电力技能学院（National Skills Academy for Power）
- 国家社会保健技能服务学院（National Skills Academy for Social Care）
- 国家材料、生产和供应技能学院（National Skills Academy for Materials，Production and Supply）
- 国家加工业技能学院（National Skills Academy for Process Industries）
- 国家零售业技能学院（National Skills Academy for Retail）
- 国家铁路产业技能学院（National Skills Academy Railway Industries）
- 国家信息科技 IT 技能学院（National Skills Academy IT）

- 国家体育和运动休闲技能学院（National Skills Academy for Sports and Active Leisure）
- 国家服务业技能学院（National Skills Academy for Hospitality）

资料来源：Federation for Industry Sector Skills and Standards，http://fisss.org/sector-skills-council-body/directory-of-sscs/.

瑞士学徒制体系围绕产业运营部门组织运行。产业委员会专家定期会面，为本产业审查和设置职业标准。例如，银行业的青年专业人士中心为银行业青年学徒培训提供重要的协调建议。在银行业，青年可以享受瑞士银行业的资助，接受银行类职业导向的技能培训。在学校里，16~19 岁的学生通常学习语言、数学、历史、道德和法律课程，还有个别银行提供在职培训。

加拿大“红章计划跨省标准”（Interprovincial Standards Red Seal Program）中的学徒制标准给了美国很多启发。加拿大利用产业部门委员会体系为学徒设置劳动标准，保证满足加拿大企业对训练有素的、有能力的劳动者的需求。除此之外，还负责制定 54 个产业标准，加拿大产业部门委员会执行以下任务：

- 开发整个产业的人力资源计划。
- 创建国家培训计划。

- 建立职业标准。
- 建设培训文化。
- 为青年劳动者提供特定行业的行业变化和机遇信息。
- 吸引青年劳动者到特定的行业工作。
- 处理有关技术变革和质量标准的问题，进行技术规划和人力资源开发。
- 努力提供合作机会，发展加拿大劳动力市场，包括个人、企业负责人、企业领导、劳动者、政府和教育工作者在内的战略联盟。[13]

如何使加拿大“红章计划”为美国所用，并顺利实施？

- 加拿大“红章计划”基于省级层面进行管理和使用，所以它能够适用于美国的各个州。
- 它为每一个获得认可的行业提供卓越的国家标准。
- 通过对每一个具有代表性的行业和职业进行分析，建立一系列的代表国家行业惯例的标准。
- 根据国家职业标准实行考试制度，支持各行各业对学徒实行毕业评估机制。
- 技能模块包括任务、子任务、关键能力，以及所需的知识、安全、工具和设备，提供行业必要信息所需的具体要素。
- 在全国范围内搜集关于某一行业的潜在学徒信息、工作机会、工作环境和就业前景，用于咨询和决策。

- 注册学徒制开发的唯一依据是“红章计划”内的职业标准。

我认为这应该是值得美国全国上下考虑学习的优良模式。

产业工作者能力认证——新的资格证书

经过调查发现，在我们所处的21世纪20年代，大部分产业要求劳动者拥有相关产业颁发或认可的技能证书。这些证书是用来衡量、评估和证明劳动者已经获得或掌握了该行业所需的必要技能。甚至有一些学徒的职业生涯是建立在各种行业证书之上的。2002年，我在《创新领导联盟摘要》（League for Innovation Leadership Abstract）中写道：“要做某一特定职业，证书是对一个人具备充足知识和相关技能的认可。”[14]

行业证书是建立在劳动者技能标准的基础之上的，所以行业证书和注册学徒制要一起合作。通过注册学徒制掌握必备的知识和技能之后，毫无疑问，技术熟练的学徒便能够参加测试，并有资格获得相关的专业证书。这种情况在很多行业中都普遍存在。

行业资格证书成为雇主衡量劳动者素质的指标之一。行业证书通常在固定的时期颁发，而且需要持证人重新参加测试才能保证证书有效。此外，证书的签发保证了熟练技术工人在其行业领域内能够与时俱进。同样，员工掌握的最新技术诀窍可以使雇主从中受益，这也是雇主乐于宣传和提倡学徒制的原因。

哪些是劳动者竞相考取的资格证书呢？通过对信息技术环境行业资格证书的审查，得到的结果是：

- 微软认证解决方案专员（Microsoft Certified Solutions Associate，MCSA）
- 项目管理师（国际专案管理师）（Project Management Professional，PMP）
- 信息系统安全认证师（Certified Information Systems Security Professional，CISSP）

雅各比认为国家生产制造业协会（National Association of Manufacturers，NAM）是行业资格证书的积极推动者，包括国家建筑教育与研究中心和其他行业团体。[15] 例如，全美制造业商会与其他 15 个产业证书组织支持发展制造业技能认证系统（Manufacturing Skills Certification System），该系统为产业培训标准和评估提供了基本信息。这样，如果能够使认证贯穿到美国各行各业的话，产业证书将变成未来的“文凭”。通过学徒制进行系统化的产业培训将成为获得资格证书的最佳途径。雅各比表示课程和标准将有助于激发和创造出更多、更有意义的课程。

连接资格证书与大学学位证书的桥梁

雇主应该知道，技能证书在很多就业领域已经像大学学位一样获得了认可，甚至在有些领域比大学学位的认可度还高。学徒必须认识到继续教育是获得职业保障的关键。劳动者本人应该对自己的继续教育负责，但是雇主也应该认识到他们对劳动者在教育方面的投入同样会给企业带来很多益处。正如欧洲的实践证明，一个培训经历丰富并受到良好教育的劳动者是企业的宝贵资产，这样的员工将更加忠实于自己的企业。

对于扩大教育机会来说，迈出第一步很重要。雇主在为学徒介绍相关培训时，必须倡导一点，即学徒所选择的行业证书与获得的大学学分是一样的。由于通过学徒制所取得的学分与某些层次的大学学分一样，所以学徒制培训越来越得到认可。学徒应该获得大学学业中的相应学分。技能资格证书是对大学课程的补充，也是与行业对接的有效途径。

美国教育委员会大学学分建设服务部门（the American Council on Education College Credit Recommendation Service）对大部分行业优秀专业技术证书进行了审查。美国教育委员会是一个专业委员会，是一个为企业和成人教育机构、军队，以及其他专门组织提供与高等教育衔接的专业媒介机构。美国教育委员会负责审查和评估企业以及政府组织的岗位培训，并相应地提供大学学分数量和相关学院、大学学位学分奖励的建议。美国教育委员会还为岗位工作经历和终身学习经历提供评估和评价指导，帮助获得大学同等学分。因此，如果一名学生所取得的职业资格证书与某个专业的大学学位进行了对接，以职业资格证书作为证明，这个学生便可以获得同样的大学学分。正如我在之前的《创新联盟》里谈到的那样，像美国教育委员会这样的组织，可以搭建从工作到大学学习的终身桥梁。[16]

其他组织也有为专业培训与大学学分对接评估的单位，比如新泽西州[17] 的托马斯爱迪生州立学院（Thomas Edison State College）和康涅狄格州的查特欧克州立学院（Charter Oak State College）此类负责成人教育的机构[18]。我是查特欧克州立学院的评审员之一，在当地社区学院或是职业学校不能满足学徒继续教育需求时，其他替代组织便可以为学徒提供接受高等教育的机会。

正如之前所提到的，州立就业与培训委员会（State Employment and Training Commission）在新泽西州创建了新泽西交流中心，提供对接服务。[19] 新泽西交流中心学位通道与新泽西社区学院，以及几所公立四年制学院经过协商并达成协议，承认由美国教育委员会或其他高等教育评审机构审查通过的、经过学徒培训和其他产业培训所取得的职业资格证书、产业证书，并核算大学学分。学徒可以从合格的学徒制专业中获得 25 个学分，继而可以取得新泽西社区学院应用科学技术研究大学副学士学位。“能源与环境设计”（Leadership in Energy & Environmental Design，LEED）绿色建筑资格认证证书可以在托马斯爱迪生州立学院建筑专业理学学士学位中获得5个学分。

在实际操作上，一些认证组织将会认真审核获取职业资格的基础知识、基本技能和能力，决定其所代表的高等教育水平（例如，LD = 低年级或大学新生、二年级学生；UD = 高年级或大学三、四年级学生），如美国教育委员会。审核员将根据资格认证所代表的知识、技能和能力的掌握程度进行衡量，判断出不同等级的资格认证应该给予多少传统大学的学分。然后，把建议提供给美国教育委员会或者是像托马斯爱迪生州立学院和查特欧克州立学院这样的主办单位。

学院会收到一些请求，如到继续教育学院学习、授予大学学位、获取毕业证或职业资格证书，学院会参考评审机构的建议，根据申请者学位课程的要求进行审查。在某些情况下，例如前面提到的新泽西交流中心，在事先的协议中已经考虑上述请求。

我之前曾说过，在这里我再重复一下，“通常情况下，资格认证是一个独立的过程，甚至被课程规划人员隔离开来了。若要在工作和培训中把资格认证的潜力全部挖掘出来，我们不仅必须与产业合作，还必须与我们自己的员工合作”。当然，以我的经验来看，就像在信息技术与健康保健行业，社区学院的课程包括为了学生适合资格认证而准备的各种各样的课程，需要跟踪和分析教学结果，包括课程内容。事实上，现行的《联邦帕金斯技术教育法》（Perkins Technology Education Act）要求学生在帕金斯资助的课程中取得产业资格认证，并将其作为课程成功的指标之一。

事实上，美国劳工部最新颁布的《21 世纪注册学徒条例》有关学徒的条款中，把学徒在多年学徒制培训过程中取得的产业资格证书编入了法律条款。作为中期成绩过渡和技能精通的标志，其价值已经获得了雇主或主办方以及劳动者的认可。

所有的学习都是有价值的，因此，所有的人都应该终身学习，不断积累学分以获得更高等级的教育。学徒制是艰苦的学习活动，需要具备特定专业的许多技术和通用知识，它结合了心理技能和相关的工作态度和个人能力。在各个方面，即使不能够超越，也几乎像大学本科学习一样，都是高水平的学习。在学徒制实施过程中，如果各个行业都推出各种证书，学徒就可以在这个过程中不断积累经验。当然，应当鼓励学徒利用各种机会和鼓足勇气去申请不同行业的职业资格证书，继而获取大学学位或者更高的学位。如果这些都能被企业人员、教育工作者认同，并使之成为政策的话，我们便可以有更多教育途径的选择。

在我撰写本书时，2014 年学生贷款债务总额已高达 1.2 万亿美元。根据 2014 年《时代周刊》的数据，大学生的贷款余额平均为 3.3 万美元。[20] 这是一个相当庞大的数字。

因此，父母和年轻人开始重新考虑通往幸福生活的其他途径，这已经不足为奇了。幸福生活与传统高等教育没有什么关系。我需要说明，我并非提倡大家不去接受高等教育，我认为学术方面的能力很重要，但是有很多途径可以实现这个目标。

雇主与社区学院共同合作，在实施学徒制时应该考虑以下建议：

- 确定一个适合的行业组织或协会，讨论劳动者技能标准。如果该行业组织没有相关信息，当地社区学院和人事劳动教育的代表可以做一些调查研究，以确定该产业群劳动者的技能标准。

- 应用公认的劳动者技能标准评价指标，每隔 6 个月对学徒取得的进步进行监测和评价。

- 在学徒从事的相关职业领域支持学徒取得职业资格证书。

- 考虑产业协会在帮助管理学徒制过程中的价值，包括招募、注册以及获取职业资格证书。

- 支持国家对政策的改革，创建美国版的加拿大“红章计划”学徒制标准以及相关数据资源库。

政策建议

- 为注册学徒制建立产业劳动力标准和评估国家体系。

应该建立一个像加拿大“红章计划跨省标准”那样的体系，能够使注册学徒制走向市场化，能够为顾客提供各个行业、职业、岗位的信息，以及在相关领域的工作机会。该系统应该能够帮助州劳工局为学徒制企业提供相匹配的学徒候选人，它还应该为雇主提供雇用学徒的信息以及可以利用的财政激励措施。

- 必须建立国家产业标准委员会，明确和建立注册学徒制劳动者能力标准，对学徒制进行跟踪监控，对课业成绩进行评估和颁发国家能力资格证书。

瑞士、加拿大以及其他国家已经建立了完善的学徒制体系，这些委员会的组成和工作运行应该与成熟的学徒制体系相类似。

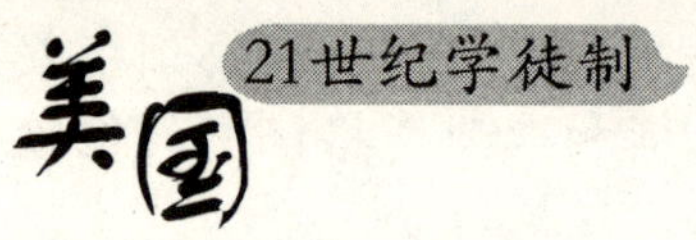

第九章　21世纪学徒制的构成模式

本书总结归纳了我近年来的研究，信息量十分丰富，而且生动有趣。美国经济政策与劳动力素质的结合，构建了劳动力发展的政策和措施，在这样的背景下，注册学徒制在经济政策和劳动力素质的融合中显得十分有效。我对美国21世纪学徒制模式的构想是，该模式以就业或培训关系为重点，在企业与社区学院之间建立起紧密的合作关系。

在撰写本书时，美国的年轻人选择何种职业教育途径倍受关注。典型的大学教育不再有保障，很多大学生不能找到与支出成本取得的学位相匹配的工作，或者在还没有完成学业取得学位时，就已经负债累累。替代传统大学的教育方式确实值得考虑，包括四年制的其他教育——注册学徒制。随着这种理念在行业团体、商会、其他企业及公众中的广泛传播，我希望能够以美国人的智慧，回归到注册学徒制中来，继续发展和培养劳动力人才，为国家经济发展与和平繁荣做出更大的贡献。我提出的模式独具特色，在这种模式下，社区学院与企业合作，提供两年制的学位课程，企业提供岗位培训（满足学徒制相关的教育需求），以及企业对学徒制的总体支持。它要求社区学院支持雇主为学生提供服务，同时也要求企业或者雇主为确保学徒培训取得成功提供服务支持。学生作为学徒的经历应该从高中开始，一名青年学徒可以通过与社区学院学位对接，在企业继续完成社区学院的学业，得到证书。

我相信，将企业主导和实施的培训与高中后两年的学习有机结合，并继续完成两年制的、全部可转换的大学学位课程学习，其价值会越来越得到人们的了解与认可，这种可替代传统高等教育的新模式将越来越普及，越来越受到家长和有才华的年轻人的青睐。

注册学徒制国家政策改革

美国注册学徒制缺少一个连贯的体系，有必要重新制定国家政策，我提出的模式包括以下内容：

- 积极向产业企业宣传推广注册学徒制。
- 积极向公司、青年、学生家长宣传推广注册学徒制，强调在接受注册学徒制培训过程中，还可以获得大学学位。
- 每个州都应该为企业和学徒提供基于区域的学徒注册

帮助。

• 创建国家产业技能委员会体系，以定义、开发和维护职业技能数据库。

• 开发熟练工人认证注册体系。

• 加强对企业和学徒的财政激励。

• 以当地的社区学院为重点，支持注册学徒制。

• 建立基于学位的相关指导和教学。

• 增强雇主联盟对企业的支持作用。

• 增强企业和社区组织在注册学徒制中的合作伙伴关系。

• 增加青年学徒制的应用，使成人学徒制成为青年学徒制的接续。

接下来，我将对如何操作美国21世纪学徒制进行阐述。

重新设计国家学徒制体系

• 被企业和教育部门所采用的国家劳动力发展政策，承认注册学徒制是最好的职业岗位劳动力培训方法。

一项重新修订的政策需要得到联邦劳工部对雇主和学徒的大力支持，并在各个州同时发布。并非一个体系在其中的25个州直接得到联邦政府的支持和协调，而另外的25个州自己做自己的事情。我们需要一个连续、简化以及对雇主和学徒都有利的统一体系，犹如一家“一站式商店”的操作系统，比如在南卡罗来纳州创建的那样。通过在当地或基于社区的组织中，例如南卡罗来纳州技术学院体系中的一所学院，建立一个学徒制顾问委员会，所有南卡罗来纳州的企业都能就近获得该体系对学徒制培训过程的支持。南卡罗来纳模式表明，21 世纪学徒制模式可适用于整个美国，我们将在第十章对此做进一步的讨论。

从市场化和宣传推广的角度来看，各个州、地方经济发展组织、商会都应该认识到，积极推广使用学徒制培训对各州企业发展所具有的价值。从南卡罗来纳州的例子可以看出，南卡罗来纳商会对新学徒制政策所产生的潜在结果进行研究，并积极主动干预促成立法，最终成倍增加了该州的学徒制数量。学徒候选人由职业中学辅导员、社区学院课程咨询员、劳动力投资委员会顾问，以及商会和地方经济发展组织进行识别、招募、测试并推荐给雇主，我们将在第十章中讨论更多有关内容。

- 美国劳工部学徒制办公室、行业标准组织联盟（如国家模具及加工协会、国际电气工人兄弟会、国家制造业协会）为所有的支柱产业集群建立行业标准委员会，重新设计与合作开发国家注册学徒制体系。

在学徒制培训过程中，需要有一个向所有潜在利益相关方传播信息的中心门户网站，这些利益相关方包括学生（高中生和大学生)、待业青年、已注册学徒、家长、教师和辅导员、学徒的潜在雇主、政府官员和熟练工人。这样，中心门户网站就成了信息传播的资源库，包括：

- 学徒制和学徒进程。
- 学徒和雇主可以获得的经济支持。
- 对感兴趣的工作领域开展职业能力分析（例如，这份工作需要我做什么，应该如何做)。
- 适用于学徒制的工作、行业或职业清单。
- 职业或工作取得成功所需要的通用基本技能。
- 同意招收学徒的雇主名单或注册表。
- 当前可以实施学徒制的岗位数据库。
- 职业、岗位或专业国家考试学习辅导指南。
- 注册考试指南。

教师、咨询员、家长需要：

- 适用于教育工作者的注册学徒制指南，以及针对各群体的具体讲解。

我希望重新修订政策时，能够提出建立国家职业技能开发行业职业技能委员会结构体系，这是实施注册学徒制必须提到的一个重要方面。我强烈建议，国家承认和行业认可的职业标准，可以借鉴加拿大的“红章”学徒制模式，以及瑞士、英国和德国学徒制体系中可以利用的部分，来重新设计和开发美国的学徒制体系，使其能够真正成为统一由行业开发以及行业监管的劳动力能力标准。每个行业标准委员会将由公认的行业专家组成，他们定期会面并建立联系，通过建立常规工作程序，了解其所在行业的技术和实践变化。他们将在技能标准数据库里反映这些变化，并将这些变化输送给负责能力考试的组织机构。

在学徒制培训结束时，评估学徒学习过程及最终获得的能力：

• 全国性的测试和评估机构（例如美国教育委员会或美国大学理事会）将按照行业标准委员会的要求建立测试标准和认证流程。像全国职业能力测试研究所（the National Occupational Competency Testing Institute, NOCTI）这样的组织，将会就某一职业的岗位技能建立测试标准和认证流程。

这些行业定义的工人能力标准需要进行验证，需要得到企业和行政许可机构的普遍认可，需要通过美国全国大、中、小型企业培训的有效性验证，进而可以获得行业职业资格证书。

• 建立国家注册信息资源库系统，把已经通过国家考核完成学徒制的学徒名单列入资源库。注册还包括行业资格认证以及熟练工人资格认证的信息。

资源库与注册系统在名目繁多的职业和行业中运行良好，包括消防和紧急医疗服务等行业，在这些行业中，国家标准和资格认证已经存在了好几十年。

资金支持和鼓励措施

我们对国家注册学徒制重新修订进程表示持续关注，雇主也将对出台的财政政策给予高度期待。

- 税收抵免政策（州和联邦）以弥补企业通过注册学徒制培训员工所产生的合理成本。

作为南卡罗来纳倡议的组成部分，该州的小型企业促成并获得一系列的税收抵免来支持注册学徒制培训，所有该州企业的领导都应该响应这一倡议。在补助结构上与经济学家建议的税收减免项目类似，对于符合条件的企业，每名学徒每年可获得 1 000 美元的补助，最长补助 4 年。这一资助与其他资助（如《劳动力创新和机会法案》与《南卡罗来纳州经济开发区再就业培训》）可以叠加，这是咨询顾问可以向企业推介的内容，这些资金补助对注册学徒制具有很大的吸引力。此外，我建议，通过政策来鼓励企业接收职业学校 16~18 岁的青年学生或准学徒作为成人学徒的过渡，可以通过向雇用青年学徒每周超过 20 小时的雇主为每名学徒额外支付 1 000 美元的方式进行补助。我们将在第十章继续展开讨论，有几个州对企业主办青年学徒制有激励措施。

如果美国企业的社会责任感普遍都能提高的话，那就太好了，这将鼓励有能力开展劳动力培训的企业培养超过自身需要的工人，以满足小企业或培训能力薄弱企业的用人需求。在瑞士，开展这样的培训，企业将获得定额税收抵免以外的额外补贴，以弥补相关的培训费用。因此，我期待企业都能承担起公民的责任，通过以下措施加强这方面的培训。

- 企业培训学徒，超过时下自身劳动力需要，州政府将为企业提供补贴。

企业参与职业和就业教育，可以为中等职业教育和社区学院教育改进劳动力教育体系奠定基础。美国已经开始向世界上其他国家学习，使教育与企业紧密结合，开展青年教育与培训。在瑞士，职业教育在企业进行，由企业提供学徒制培训，企业拥有真实的教学实验室、教室，以及专门的指导教师。

- 企业接收来自当地高中和社区学院的注册学徒，在众多职业和专业领域为学徒提供职业培训。

在瑞士及其他国家的学徒制体系中，可以提供跨职业、跨技术、跨行业领域的职业教育。这些领域包括银行、金融、零售、医疗技术、信息技术、法律、公共安全、娱乐休闲等。我提出的模式涵盖所有的行业领域。

关注社区学院

社区学院是美国特有的中学后教育学院，通过开展前两年的高等教育、职业教育和劳动力培训，为当地社区和企业提供服务。他们不辱使命，表现出色。因此，我强烈呼吁社区学院的领导承担并支持企业开展注册学徒制。学院的首席执行官要认识到注册学徒制作为劳动力开发的价值，肩负起学院应有的责任，支持企业开展培训，帮助学生认识到，学徒制也可以取得学术成就。

注册学徒制培训进程起始于中学，通过中学、企业和社区学院建立合作伙伴关系，完成注册学徒制培训。就像北卡罗来纳州学徒制联盟那样，整个学徒制实施进展顺利。从高中开始，学校就与企业建立伙伴关系，继而社区学院与企业的合作得以继续，最终将走向：

- 社区学院与企业合作，支持注册学徒制发展。

随着注册学徒制的吸引力逐渐提高，要求获得社区学院支持的企业数量与日俱增，更多的学院将雇用新员工来提供支持服务。越来越多的学院将：

- 为当地企业招募潜在学徒。
- 支持企业，提供学徒候选人测试和咨询服务。
- 为使学生成为学徒候选人，加强教育，做好准备。
- 帮助企业，提供学徒注册服务。
- 为企业从事工作岗位培训的指导师提供培训。

还有一些学院提供以下服务：

➢ 为使学生成为准学徒做好准备。在候选学徒做出决定之前，为他们提供咨询服务，帮助他们提高学术能力，增强职业意识。我发现一些学院：

➢ 在提供相关培训过程中，定期学习大学课程，可以获得：

➢ 大学副学士学位。

一些学院只提供：

➢ 无学分的相关培训。

一些学院，比如美国常春藤技术学院、皮德蒙特中心社区学院和帝国州立学院，已经为学徒开发了定制化的大学副学士学位。

同样地，南卡罗来纳技术学院体系从很多方面支持企业开展学徒制培训。例如，南内华达学院和波特兰（俄勒冈州）社区学院，有选择性地为一些行业组织提供学徒制支持服务。

未来的立法应该：

• 修订联邦佩尔法案条款，认可注册学徒制作为高等教育的一种可替代形式。

很多雇主透露，通过相关教育，学徒可以获取大学学位或职业资格证书。对于学徒和雇主来说，这具有非常大的吸引力。在一些州（如得克萨斯州和加利福尼亚州），已经制定了相关政策，为学徒提供社区学院免费教育和相关培训，这是我们乐意看到的。最好是在不久的将来，所有州都能出台这样的政策，都能够意识到，对于实施相关教育，继而取得大学学位方面进行的公共投资，将成倍地回报于经济发展。

有些已经开展学徒制培训的企业（如布勒集团美国爱尔格莱公司、亚美达科模具公司），很自豪地在其网站上推广学徒制理念，为学徒和企业提供招募条款和流程。此外，伴随着学徒制不断发展的良好趋势，大型企业、政府机构和相关组织已经开始在自己的网站上推广注册学徒制。

改善社区伙伴关系

企业界正在承担着一些教育改革的责任。所以，我们将看到一些富有成效的成果。

- 通过行业企业主导的全国性行动，建立区域产业联盟、高中、社区学院的合作机制，提供注册学徒制，继而开展成人学徒制，并获取两年制副学士学位。

高中辅导员及学生家长应该积极支持这些努力的成果。

北卡罗来纳州当地的产业基地，把企业与区域产业联盟联合在一起，与当地的高中和社区学院合作，取得了合作的成功，展示了企业集团努力实现变化的力量。北卡罗来纳州的案例，应该成为类似联盟的国家模式，为青年学徒制起始教育架起了沟通行业和教育的桥梁。或许地方商会、其他民间组织、行业企业联合会也可以携起手来，建立合作联盟，为主办注册学徒制开展合作。

此外，2014 年的《劳动力创新和机会法案》已经为注册学徒制“开启新的大门”。它还为社区经济发展架起了桥梁，通过学徒制，把需要工作技能人群与需求训练有素工人的企业联系起来。这就是 2014 年联邦立法的成果。

- 美国劳动力投资委员会应该向需要职业培训和劳动力培训的企业推广注册学徒制。委员会还将与社区学院进行更多的合作，以提供获得大学学位的相关培训。

我将在第十章进一步讨论，通过改变目前的做法和政策，提高学徒制作为劳动力开发的意识，继续实施我的美国 21 世纪学徒制模式。

第十章 携手并进，共创辉煌

写作本书的目的是启发社区学院的同事们，以及致力于劳动力发展的领导们，使他们认识到，注册学徒制是劳动力培训与教育最重要的手段和方式，它将造福于美国人民。不论是小企业、大公司，还是政府，应用注册学徒制都会使雇主、学徒、经济乃至整个社会受益。

不止我一个人认识到注册学徒制的好处。近年来，一些州(爱荷华州和密歇根州）的州长每年都在增加对本州学徒制的投入。马里兰州委托专门机构，专题研究学徒制所产生的经济效益，用以支持学徒制的发展。密歇根州在全州范围内提出了倡议，要求通过注册学徒制培训，促进青年从学校到职场的转换。南卡罗来纳州对注册学徒制基础设施建设给予支持。北卡罗来纳州为减轻企业开展注册学徒制负担提供支持。在联邦政府层面，已为注册学徒制投入了数百万美元，以激励企业参与到注册学徒制就业与职业培训中来。在撰写本书时，一项两党（共和党、民主党）共同提出的议案已提交国会，旨在为注册学徒制创建一个主要的持续投入基金。

写这本书的目的，是为了使大家深入了解为什么注册学徒制进行得如此之好，哪些方面还需要改革与创新，才能适应美国21世纪的经济发展变化。从职业教育工作者、研究者的角度出发，根据个人经历，考虑到世界上职业教育各个方面的因素，加以观察、分析与研究，我认为，通过行业企业开展基于工作岗位的培训，对实现劳动力教育和经济发展大有益处。

在第九章，我们对美国21世纪学徒制模式的各个要素进行了讨论。接下来要讨论的是，在美国，如何通过注册学徒制建立一个劳动力培养教育体系。我认为，通过大家的共同努力，这是一个既现实又能实现的目标。

重新修订国家注册学徒制体系

- 全国劳动力发展政策需被企业和社区学院所接受，需要他们认可注册学徒制是作为劳动力就业和职业培训的首选途径。

正如我在有些州看到的一样，学徒制的工作起始于地方这一层面。企业领导必须认识到，加强注册学徒制对劳动力教育培养、提高企业效益和促进当地经济发展都大有益处。在南卡罗来纳州，罗氏制药公司（Roche Company）的一位经理认为，瑞士学徒制体系是填补企业专业技能人才短缺的关键所在。由此，南卡罗来纳州的企业领导走到了一起，共同研究加强南卡罗来纳州注册学徒制服务的立法框架，通过在南卡罗来纳技术学院设置服务，以此来提高劳动力培训的知名度。

同样地，北卡罗来纳州的一些制造业企业也想通过注册学徒制满足他们的需求。他们在当地组成企业联盟，共同协商相关的教育服务，包括从当地社区学院获得大学学位的合作。另外，当地企业联盟还联合起来，通过大家的力量，提议州立法委员会进行变革（在我撰写此书时，该项变革暂未发生），取消州劳动部门每年强制对学徒收取的注册费。

州的倡议也很有效。在一些事例中，州行政长官也看到了注册学徒制在促进企业发展和经济建设方面所做出的贡献。密歇根州州长里克·斯奈德（Rick Snyder）对州内没有足够的高素质人才来发展企业感到担忧。他读过有关德国学徒制的资料，并且在德国亲眼所见。受此启发，他指导密歇根经济发展公司（Michigan Economic Development Corporation）开展了一个试点项目，通过学徒制把年轻人和技术培训结合到一起。密歇根州奥克兰郡发起了一项经济发展行动，把注册学徒制作为经济发展的一个措施。[1] 2014 年，爱荷华州立法委员会增加了几百万美元的经费用于爱荷华州的注册学徒制发展。2013 年，马里兰州针对扩大注册学徒制对经济产生的效益进行了委托研究。南卡罗来纳州和新泽西州的企业领导都支持注册学徒制。我希望能有更多州的行政长官认可学徒制带来的经济发展收益，以便更好地在各州企业和雇主中推进学徒制的发展。

从联邦层面来看，正如我曾经提到过的，奥巴马政府投入了大量的资金，出台了相应的政策，支持注册学徒制的发展。美国两名参议员［新泽西州的科里·布克（Cory Booker）和南卡罗来纳州的提姆·斯科特（Tim Scott）］在2014年提议并推出了《利用和激励美国学徒制法案》（Leveraging and Energizing of America's Apprenticeship Act, LEAP）。法案中除了规定对企业使用新学徒实行税收抵免以外，还特别强调应为技术行业招募年轻学徒。法案提议，年龄在25岁以下的学徒享受税收抵免1 500美元，25岁以上的学徒享受税收抵免1 000美元。这项法案得到了共和党和民主党的一致支持。

注册学徒制政策应由企业提出，并在社区学院开始实施。这种注册学徒制的理念应理所当然地为企业和社区学院所接受，这种理念对它们也具有吸引力，也会很快获得它们的普遍支持。

政府对企业给出建议和支持是必要的。正如在第九章中提到过的一样，任何一项新的政策都需要得到联邦劳工部的支持，并由各州统一实施。州学徒制委员会和支撑机构对政策的修订将在各州（在25个拥有国家学徒制委员会的州）及联邦同时采取行动，但为了保持政策的一致性，值得开展一次对话。如果各州都能够在当地社区学院设置学徒制咨询顾问，那么企业和潜在学徒将能够降低公共部门的支出成本。稍后，我将详细阐述如何为社区学院争取更多的国家政策，以便更好地支持企业和注册学徒制的发展。

统一的行业标准体系是必要的。国家注册学徒制体系需要为统一的行业标准体系提供支持，行业标准由行业和政府共同管理。劳工部学徒制办公室以及行业标准组织联合会（如美国模具加工协会、国际电气工人兄弟会、美国制造业协会）应该为所有的支柱行业群建立行业标准委员会。

建立行业标准委员会需要有新的国家政策作保障。行业标准委员会将监管国家职业技能的发展。正如我之前谈到过的，我强烈建议，国家承认和行业认可的职业标准可以借鉴加拿大的“红章”学徒制模式，以及瑞士、英国和德国学徒制体系中可以利用的部分，来重新设计和开发美国的学徒制体系，使其能够真正成为统一由行业开发以及行业监管的劳动力能力标准。每一个行业标准委员会必须由公认的行业专家组成，这些专家必须是产业集群内大大小小的企业中有代表性的企业专家。行业标准委员会将负责创建职业岗位劳动力技能、知识以及能力清单，作为特定职业熟练工的标准，同时需要为每项技能制定可测量的技能标准。为了对学徒期间取得的进展和能力进行评估，行业标准委员会需要在学徒完成学徒制培训后，对学徒工作及考试过程进行监督管理。

行业标准委员会制定的标准需要得到测试和验证。行业确定的工人能力标准需要通过测试才能生效，要允许遍布美国大大小小的企业、许可机构对行业标准进行有效性的验证，并使其得到普遍认可。我建议，由成人学习和试验性学习委员会（Council for Adult and Experiential Learning，CAEL）组织、指导和实施测试。成人学习和试验性学习委员会成立40年来，一直致力于协调学徒的学习与工作[2]，并在振兴和改革美国注册学徒制活动中发挥着出色的领导作用。成人学习和试验性学习委员会为教育工作者、雇主、政策制定者、政治家、学生提供了一个很好的平台，使他们能够针对终身学习、大学学分认可、事前学习评估，以及劳动力教育的话题进行有意义的对话与交流，这将在学院和大学对学徒学习成绩认定以及公共政策制定方面产生积极的影响。成人学习和试验性学习委员会开展的学习评估，可以将先前的学习成绩以适当的学分转换成大学学分。或许成人学习和试验性学习委员会真的可以在重新设计注册学徒制的过程中担当主要的领导角色。我认为，成人学习和试验性学习委员会是重新设计美国注册学徒制框架，特别是在技能标准数据库、学徒技能评估和证书资源库方面最合适的组织机构。在这些证书资源库中，学徒制事前学习取得的证书可以为以后的大学学分搭建衔接的桥梁。[3] 国家职业能力测试机构可以为某一职业岗位技能开展相同的服务工作。[4]

国家有必要对熟练工人进行注册登记。为规范工人相应资格证书的管理，国家需要建立注册数据库系统，把已完成国家考试的学徒名单登记到系统中。这种注册登记也可以包括行业认证证书和熟练工人认证证书。

这种数据库与注册系统在众多的职业和行业中运行良好，其中包括已经使用多年的消防和医疗急救服务国家标准和行业证书。我相信，当下开展注册学徒制的企业和有关组织，也将对政策制定提供支持。此外，像刚才提到的那些需要使用国家行业标准的组织，也会对此加以支持，甚至是希望加入其中。或许成人学习和试验性学习委员会会考虑是否领头创建这样一个国家注册体系。

联邦学徒制办公室和美国国会面临的挑战是“如何支持国家学徒制改革”，而全国各行各业的企业领导则是这项改革的强大推动者。

资金支持和奖励政策

- 税收抵免（州、联邦）是必要的，它可以弥补企业通过注册学徒制培训本企业员工所支出的合理培训成本。

在第九章中，许多州为鼓励通过注册学徒制培训员工，出台了相应的税收抵免政策。当然，随着注册学徒制的普及，将会有更多的州为企业提供类似的税收抵免政策。税收抵免在青年学徒或年龄在25岁以下的学徒中应用尤为普遍。有些州还特别对本州经济增长做出突出贡献的行业的学徒制培训实施税收减免。

- 通过社区学院对学徒进行的相关教育和培训必须免收学费。

各州的政策必须明确指出，公共财政经费投入相关教育，进而取得大学学位，必将数倍地促进经济发展。对一个州来说，最大的社会性投资之一可能就是免除学徒在当地社区学院为期两年的相关教育学费。除了税收抵免法案以外，美国教育部的佩尔基金（Pell Funding）也可延伸到注册学徒制，但是这个决策需要由国会做出，也需要企业、潜在学徒、学生家长去游说当地的国会议员。

州及联邦政府应该为企业培训超过自身需要的学徒提供额外补贴。我在访问和参观瑞士企业的过程中，开始慢慢了解瑞士学徒制的结构体系，给我留下深刻印象的是雇主的社会责任感。他们为青年提供的劳动力职业培训机会远比自身企业实际需要的多，这令人十分佩服。如果美国的企业也能够承担部分青年职业教育的责任，那该多好啊。或许州及联邦政府可以为企业主办劳动力教育提供补贴，以此来鼓励这样的行为。

联邦政府也应该出台相应的税收抵免政策。希望布克史葛（Booker-Scott）立法能够普及起来，这样可以激励更多的企业利用注册学徒制开展员工培训。我想指出的是，根据2014年新通过的《劳动力创新和机会法案》，会有更多的学徒和企业通过使用培训券从中受益。该法案规定有资质的学徒可以使用培训券直接参加注册学徒制。国家劳动力委员会（NAWB）或许能带头促使各州及当地劳动力投资委员会接受这样的做法，并主动地把注册学徒制作为一项劳动力培训和发展的措施加以推广，以激励更多的企业开展注册学徒制。[5]

聚焦社区学院

- 社区学院需要与企业合作，通过注册学徒制开展职业教育。

在支持注册学徒制层面，当地社区学院能够做些什么呢？在第九章中，我们提到了政策设计需要考虑的各个要素，包括社区学院为企业提供以下服务：

- 通过学院向企业和行业积极宣传注册学徒制。
- 号召雇主、青年及其家长更加开明地去了解注册学徒制的优越性。
- 通过各州的学院和劳动部门，对州内企业和学徒提供基于地方的注册支持。

- 由学院重点支持注册学徒制。
- 开设基于学位的相关课程和教育。
- 支持发展企业学徒制联盟。
- 支持越来越多的企业和社区组织开展注册学徒制合作。
- 支持发展高中青年学徒制，作为迈向成人学徒制的过渡。

作为曾为行业和企业服务的前任主任，我认为，社区学院可以提供以上提到的各项服务。对于美国的社区学院来说，关键在于建立一种国家的注册学徒制模式。这就需要学院领导意识到，注册学徒制作为一种提高劳动力知识和技能的方式和培训工具，它的价值体现在与企业的合作上，它也是使学生获得大学学分和学位的一种有价值的教学方法。南卡罗来纳州的成功，得益于州内企业呼吁建立一个能够承担注册学徒制领导责任的独立的州机构。其他拥有两年制培训体系或技术学院的州，像亚拉巴马州、特拉华州、路易斯安那州、堪萨斯州、缅因州、新罕布什尔州、弗吉尼亚州、华盛顿州和威斯康星州，可以学习南卡罗来纳州的成功经验。另外一些州，或拥有独立的地方委员会，或拥有州协调委员会，则需要通过学院来推广它们的理念。或许与过去的“行业调整支持社区学院和职业培训”相类似，在经费保障机制下，采取一系列的国家示范性补助会比较合适。或促使像美国社区学院协会这样的学徒制倡导组织主动作为，以使社区学院发挥开展注册学徒制的协调和领导作用。或许社区学院创新联盟将处于核心地位，为注册学徒制提供业务支持和贡献智慧，在这一角色上发挥作用，引领学院凝聚在一起。本书写作之时，美国劳工部学徒制办公室和美国社区学院协会（AACC）一直试图吸引社区学院通过国家注册成为联盟的一分子来开展注册学徒制，但成效甚微。相应地，目前需要采取更积极的行动来带动学院迎接这一挑战。

增强社区间的合作

- 由工商业引领的国家行动势在必行，使注册学徒制成为成人学徒制和两年制学位的先导。要建立与高中和社区学院合作的行业区域联盟，在这项行动中，需要高中辅导员以及学生家长的积极参与和支持。

前面我们已经提过，北卡罗来纳州已经证明当地企业和教育（还有劳动部门）联盟对注册学徒制的发展产生了积极的影响。在这里，我们建议当地商会以及州经济发展组织探索出创建更多此类联盟的途径和方法。就家长、当地教育委员会对教育投资的认知、学校指导教师的教育以及随之而来的其他企业来说，投资的回报是巨大的。

在美国，广而告之

本书讨论了社区学院劳动力教育以及注册学徒制的话题。

作为美国公民以及企业家，我们是否准备好了去解决超过 800 万工人的人力资源短缺问题呢？这些工人需要接受基础教育和培训，之后才能够进入企业，以促进经济的发展。注册学徒制可以在真实的工作环境中为雇主和潜在工人提供适合现有工作岗位的最佳职业准备。不仅如此，注册学徒制还为工人提供带薪工作和培训，在为雇主提供非常实用的服务的同时，还促进当地经济的发展。当雇主与当地职业中学支持并实施相关教育，以帮助学徒获取大学学位时，培训活动则进一步帮助教育机构开展高质量的教育。我所看到的是一个多方共赢的社会局面。如果您认同本书观点，请您在社会合作伙伴中进行宣传，谢谢您对《美国 21 世纪学徒制》的关注。

注释

前言

1. Fuller, Allison, and Lorna Unwin. "What's the Point of Adult Apprenticeships?" *Adult Learning* (spring 2012): 8-14.

2. Cantor, Jeffrey A. *Cooperative Apprenticeships: A School-to-Work Handbook*. Lancaster, PA: Technomic Publishing Co., 1997.

第一章

1. U.S. Department of Labor, Office of Apprenticeship. www.doleta.gov/oa/apprentices_new.cfm#apprenticeships.

2. Fuller, Allison, and Lorna Unwin. "What's the Point of Adult Apprenticeships?" *Adult Learning* (spring 2012): 8-14.

3. International Labour Organization. "Towards a Model

Apprenticeship Framework: A Comparative Analysis of National Apprenticeship Systems." Geneva: 2013. www.ilo.org/wcmsp5/groups/public/—asia/—ro-bangkok/—sro-new_delhi/documents/publication/wcms_234728.pdf. This study, a joint collaboration by the ILO and the World Bank, reviews international experience in apprenticeships and identifies good practices based on cross-country analysis. The report includes case studies on eleven countries' apprenticeship systems—Australia, Canada, Egypt, England, France, Germany, India, Indonesia, South Africa, Turkey, and the United States. It also discusses a framework for a model apprenticeship system.

4. Fuller, Allison, and Lorna Unwin. "The Great Skills Debate." Training-Journal. com (August, 2012): 12-14. www.trainingjournal.com.

5. Journal Report, R1: "The CEOs' Top Priorities." *Wall Street Journal* (December 9, 2014).

6. Holzer, Harry J., and Robert I. Lerman. "The Future of Middle-Skill Jobs." *CCF Brief* #41 (2009). Washington, DC: Brookings Institution.

7. Olinsky, Ben, and Sarah Ayres. "Training for Success: A Policy to Expand Apprenticeships in the United States." WashSington, DC: Center for American Progress, December 2013.

8. European Commission: Directorate General for Employment, Social Affairs and Inclusion, Unit C3. "Apprentice Supply in the Member States of the European Union." Brussels, Belgium: January 2012. http://ec.europa.eu/social/home.jsp?langId=en.

9. Jacoby, Tamar. "Vocational Education 2.0: Employers Hold the Key to Better Career Training, Civic Report #83." New York City: Manhattan Institute for Policy Research, November 2013.

10. Carlton, Jim, and Caroline Porter. "On a Mission to Save a School: Special Trustee Is Charged with Rescuing One of the Nation's Largest Community Colleges." *The Wall Street Journal* (Tuesday, November 12, 2013): A3. This article discusses the accreditation problems facing the City Colleges of San Francisco caused by budgetary and enrollment issues. It describes the dilemma of no longer being able to serve all community needs.

11. National Center for Educational Statistics. "Fast Facts." http://nces.ed.gov/fastfacts/display.asp?id=40.

12. Cantor, Jeffrey A. "Registered Pre-Apprenticeship: Successful Practices Linking School to Work." *Journal of Industrial Education* 34, no.3 (1997): 35-58.

13. Ibid.

14. Reed, Dustin. "Why an Apprenticeship Might Be a Faster

Ticket to the American Dream Than a College Degree." *PBS Newshour* (June 5, 2014). www.pbs.org/newshour/making-sense/why-an-apprenticeship-may-be-a-faster-ticket-to-the-american-dream-than-a-college-degree/.

15. U.S. Department of Labor, Employment, and Training Administration, Office of Apprenticeship. "Available Occupations." www.doleta.gov/OA/occupations.cfm.

16. Euro-Apprenticeship. www.euroapprenticeship.eu/en/home.html.

17. International Association for the Exchange of Students and Experience. www.iaeste.org.

18. INNSSO (UK) Ltd. "21st Century Apprenticeships: Comparative Review of Apprenticeships in Australia, Canada, Ireland, and the United States, with Reference to the *Richard Review of Apprenticeships* and Implementation in England." London, UK: Federation for Industry Sector Skills and Standards, 2013.

19. Lerman, Robert I. "Training Tomorrow's Workforce: Community Colleges and Apprenticeship as Collaborative Routes to Rewarding Careers." Washington, DC: Center for American Progress, 2009.

20. www.njatc.org.

21. Steedman, Hillary. "Overview of Apprenticeship Systems and Issues: ILO Contribution to the G20 Task Force on Employment." Geneva, Switzerland: International Labour Organization, November 2012.

22. Ibid.

第二章

1. Interview by phone with John Ladd, Director U.S. Department of Labor, Office of Apprenticeship, on July 30, 2014. Discussion included business and employer feedback at apprenticeship roundtables conducted by the Department of Labor across the United States during 2014.

2. U. S. Department of Labor, Bureau of Labor Statistics. www.bls.gov.

3. Holzer, Harry J., and Robert I. Lerman. "The Future of Middle-Skill Jobs." *CCF Brief* #41 (2009): Washington, DC: Brookings Institution.

4. Virtual Career Network—Healthcare. https://www.vcn.org/health-care/get-qualified/resources/apprenticeship-training.

5. Ibid.

6. Manpower Group. "Talent Survey, 201." www.manpowerg-

roup.us/campaigns/talent-shortage-2013/.

7. Lerman, Robert I. "Training Tomorrow's Workforce: Community Colleges and Apprenticeship as Collaborative Routes to Rewarding Careers." Washington, DC: Center for American Progress, 2009.

8. Jacoby, Tamar. "Vocational Education 2.0: Employers Hold the Key to Better Career Training: Civic Report #83." New York: Manhattan Institute for Policy Research, November 2013.

9. Thornton, Jerry Sue. "The Power of Partnership: Regional Economic Impact through the Joint Apprenticeship Training Committee" (10-13). In *The Role of Community Colleges in Regional Economic Prosperity*. Ann M. Kress and Gerardo E. de los Santos, eds. Phoenix, AZ: The League for Innovation in the Community College, 2014.

10. I first introduced and wrote about these concepts in 1993: Cantor, Jeffrey A. "Apprenticeship and Community Colleges: Promoting Collaboration with Business, Labor and the Community for Workforce Training." Lanham, MD: University Press of America, March 1993.

11. Cantor, Jeffrey A. "Job Training and Economic Development Initiatives: A Study of Potentially Useful Companions." *Edu-*

cational Evaluation and Policy Analysis 12, no.2 (summer 1990): 121-138.

第三章

1. World Heritage Foundation. http://worldheritage.org/articles/Holmes_Beckwith.

2. ASTD data for 2012 displaying business expenditures to train employees. www.astd.org/Publications/Magazines/TD/TD-Archive/2012/11/ASTD-2012-State-of-the-Industry-Report.

3. U.S. Department of Labor, Office of Apprenticeship. www.doleta.gov/OA/apprenticeship.cfm.

4. U.S. Department of Labor, Office of Apprenticeship. http://doleta.gov/oa/pdf/brochure.pdf.

5. U.S. Department of Veterans Affairs. www.benefits.va.gov/gibill/docs/factsheets/OJT_Factsheet.pdf.

6. U.S. Department of Veterans Affairs. www.benefits.va.gov/vocrehab/index.asp.

7. Jacoby, Tamar. "Vocational Education 2.0: Employers Hold the Key to Better Career Training, Civic Report No.83." New York: Manhattan Institute for Policy Research, November 2013.

8. Olinksy, Ben, and Sarah Ayers. "Training for Success: A

Policy to Expand Apprenticeships in the United States." Washington, DC: Center for American Progress, December 2013.

9. State of Arkansas, Department of Career Education. http://ace. arkansas. gov/cte/specialPrograms/apprenticeshipAppliedSciences/youthApprenticeship/Pages/taxIncentiveEmployers.aspx.

10. State of Arkansas, Department of Career Education. http://ace.arkansas.gov/cte/specialPrograms/apprenticeshipApplied-Sciences/youthApprenticeship/Pages/overview.aspx.

11. U.S. Department of Labor. www.doleta.gov/OA/pdf/funding_fact_sheet.pdf.

12. State of Connecticut, Department of Labor. www. ctdol. state.ct.us/progsupt/appren/taxcr.htm.

13. State of Iowa, Governor. "Iowa 2014 State of Condition of Iowa Address by Terry Branstad, Governor of Iowa." www.governor. iowa.gov/search/apprenticeship.

14. State of Maine, Department of Labor Career Center. http://mainecareer center. com/services-programs/training/apprenticeship/index.shtml.

15. Maryland Association of Boards of Education. www. mabe. org/wp-content/uploads/2014/04/2014-Leg-Session-Summary.pdf.

16. State of Michigan. www. michigan. gov/documents/school-

to-registered_apprenticeship_program_and_tax_credit_5785_7.pdf.

17. State of Missouri, Department of Economic Development—Missouri Works. www.ded.mo.gov/moworks/team-training#training.

18. Rutgers University. "New Jersey's Community Colleges." www.rci.rutgers.edu/~njplace/index.html.

19. State of Rhode Island, Department of Labor and Training. http://dlt.ri.gov/apprenticeship/pdfs/apprentaxcredit.pdf.

20. State of Virginia, Department of Labor. www.doli.virginia.gov/apprenticeship/retraining_taxcredit.html.

21. Lerman, Robert I. "Training Tomorrow's Workforce: Community Colleges and Apprenticeship as Collaborative Routes to Rewarding Careers." Washington, DC: Center for American Progress, December 2009.

22. Smith, Erica. "Australia" (41-51). In *Towards a Model Apprenticeship Framework: A Comparative Analysis of National Apprenticeship Systems*. Geneva, Switzerland: International Labour Organization, 2013.

23. Canada Apprenticeship Forum. caf-fca.org.

24. Canadian Red Seal Trades Program. www.servicecanada.gc.ca/eng/goc/apprenticeship/grants/redseal.shtml.

25. Mentor Works Limited. www.mentorworks.ca/blog/govern-

ment-funding/government-incentives-for-hiring-training-skilled-workers/.

26. Miller, Linda. "Canada" (52-62). In *Towards a Model Apprenticeship Framework: A Comparative Analysis of National Apprenticeship Systems*. Geneva, Switzerland: International Labour Organization, 2013.

27. Ryan, Paul, and Lorna Unwin. "Apprenticeship in the British 'Training Market.'" *National Institute Economic Review* 178, no.99 (2001): 99-114.

28. AAT: The Professional Association for Accounting Technicians. www.aat.org.uk/qualifications/apprenticeships-in-england.

29. Miller, Linda. "England" (70-80). In *Towards a Model Apprenticeship Framework: A Comparative Analysis of National Apprenticeship Systems*. Geneva, Switzerland: International Labour Organization, 2013.

30. Saniter, Andreas, and Deitmer Ludger. "Germany" (92-107). In *Towards a Model Apprenticeship Framework: A Comparative Analysis of National Apprenticeship Systems*. Geneva, Switzerland: International Labour Organization, 2013.

31. Attwell, Graham, and Felix Rauner. "Training and Development in Germany." *International Journal of Training and*

Development 3, no.3 (1999): 227-233.

32. Dif, M'Hamed. "France" (81-91). In *Towards a Model Apprenticeship Framework: A Comparative Analysis of National Apprenticeship Systems*. Geneva, Switzerland: International Labour Organization, 2013.

33. International Labour Organization. "Towards a Model Apprenticeship Framework: A Comparative Analysis of National Apprenticeship Systems—Overview of Apprenticeship Systems and Issues." Geneva, Switzerland: ILO contribution to the G20 Task Force on Employment, November 2012.

34. Lerman, *op.cit*.

第四章

1. Easton, Nina. "Cool Kids Rule! (And They May Save Detroit)." *Fortune* (June 30, 2014): 60.

2. I am referring to Apprenticeship 2000, Apprenticeship Catawba, and NCTriangle Apprenticeship.

3. Olinsky, Ben, and Sarah Ayres. "Training for Success: A Policy to Expand Apprenticeships in the United States." Washington, DC: Center for American Progress, December 2013.

4. Easton, *op.cit*.

5. Bash, Homa. "Biden Outlines New Apprenticeship Plan for Students." *Medill News Service* (April 7, 2014).

6. Nyhan, Barry. "Chapter 5: Creating the Social Foundation for Apprenticeship in Ireland" (45-58). In *Rediscovering Apprenticeship: Research Findings of the International Network on Innovative Apprenticeship*. Felix Rauner and Erica Smith, eds. Heidelburg, Germany: Springer Publications, 2010.

7. Lerman, Robert I. "Training Tomorrow's Workforce: Community Colleges and Apprenticeship as Collaborative Routes to Rewarding Careers." Washington, DC: Center for American Progress, December 2009.

8. Cantor, Jeffrey A. "Registered Pre-Apprenticeship: Successful Practices Linking School to Work." *Journal of Industrial Education* 34, no.3 (1997): 35-58.

9. Lerman, Robert I., and Hillard Pouncy. "Why America Should Develop a Youth Apprenticeship System: Policy Report No. 5." Washington, DC: Progressive Policy Institute, March 1990.

10. Nyhan, *op.cit*.

11. U. S. Department of Labor, Employment, and Training Administration, Office of Apprenticeship. "Pre-Apprenticeship Brochure." www.doleta.gov/OA/preapprentice.cfm.

12. Cantor, Jeffrey A. "Registered Pre-Apprenticeship: Successful Practices Linking School to Work." *Journal of Industrial Education* 34, no.3 (1997): 35-58.

13. The United Association. http://uavip.org/apprenticeships-for-returning-veterans.

14. American Council on Education. www.acenet.edu/higher-education/Pages/Military-Students-and-Veterans.aspx.

15. Goodwill Industries of Washington, DC. www.dcgoodwill.org/docs/PARTFlyer2.09.pdf.

16. Cantor, Jeffrey A. *Cooperative Apprenticeships: A School-to-Work Handbook.* Lancaster, PA: Technomic Publishing Co., 1997.

第五章

1. Lerman, Robert, Lauren Eyster, and Kate Chambers. "The Benefits and Challenges of Registered Apprenticeship: The Sponsors' Perspective." Washington, DC: The Urban Institute, March 2009.

2. AMERITECH Die and Mold, Inc. www.amdiemold.com/aboutus.html.

3. Olinsky, Ben, and Sarah Ayres. "Training for Success: A Policy to Expand Apprenticeships in the United States." Washington, DC: Center for American Progress, December 2013.

4. Jacoby, Tamar. "Vocational Education 2.0: Employers Hold the Key to Better Career Training, Civic Report No.83." New York: Manhattan Institute for Policy Research, November 2013.

5. Interviews were held with firm principals and key managers throughout 2014.

6. Buhler Group AG. "Buhler Apprenticeship Training." Uzwil, Switzerland: September 17, 2014.

7. Lerman, Robert I. "Apprenticeship in the United States." Chapter 11 in *Rediscovering Apprenticeship: Research Findings of the International Network on Innovative Apprenticeship*. Felix Rauner and Erica Smith, eds. Heidelburg, Germany: Springer Publications, 2010.

8. Warwick Institute for Employment Research (2012) in Olinsky and Ayres, *op.cit*.

9. Apprenticeship Carolina. www.apprenticeshipcarolina.com/resources.html.

10. South Carolina Chamber of Commerce. "Apprenticeships in South Carolina: Baseline Report and Recommendations." Columbia, SC: July 2003.

11. Reed, Debbie, Albert Yung-Hsu Liu, Rebecca Kleinman, Annalisa Mastri, Davin Reed, Samina Sattar, and Jessica Ziegler.

"An Effectiveness Assessment and Cost-Benefit Analysis of Registered Apprenticeship in 10 States." Oakland, CA: Mathematica Policy Research, July 2012.

12. Lerman, Eyster, and Chambers, *op.cit*.

13. Canadian Federation of Independent Business (CFIB). www.cfib-fcei.ca./cfib-documents/rr3314. pdf.

14. Steedman, Hillary. "Overview of Apprenticeship Systems and Issues: ILO contribution to the G20 Task Force on Employment." Geneva, Switzerland: International Labour Organization, November 2012.

15. As reported by Kathryn Tyler in *HR Magazine* (November 2013): 35.

16. Steedman, *op.cit*.

17. Apprenticeship Carolina. www.apprenticeshipcarolina.com/contactus.html.

18. Cantor, Jeffrey A. "Apprenticeships, Business and Organized Labor, and Community Colleges: Emerging Partnerships." *Journal of Studies in Technical Careers* XIV, no. 2 (1992): 97-114.

19. Cantor, Jeffrey A. "Apprenticeships Link Community—Technical Colleges and Business and Industry for Workforce Training." *Community College Journal of Research and Practice* 19 (1995): 47-71.

第六章

1. South Florida Manufacturers' Association Machinist Apprenticeship Program. http://sfma.biz/?page_id=603. Also interviewed the program coordinator on June 24, 2014.

2. Manufacturing Association of South Central Pennsylvania. www.mascpa.org/workforcedevelopment.html. Interviewed apprenticeship program coordinator on June 23, 2014, by telephone.

3. Telephone interviews were held with representatives of both of the trade associations during spring 2014.

4. National Automobile Dealers' Association. www.nada.org.

5. Telephone interview with Mr. Gerald Murphy, former CEO of Washington Area New Automobile Dealers Association, July 2, 2014. Also see www.adei-programs.org/Students.cfm.

6. Automobile Dealer Education Institute. www.adei-programs.org.

7. Interview with Walter Siegenthaler, cofounder of Apprenticeship 2000, executive vice president of Daetwyler USA, and chair of the North Carolina Apprenticeship Council, July 9, 2014. Consortium web page at http://apprenticeship2000.com/index.html.

8. Telephone interview with Michigan Economic Development Corporation staff, August 18, 2014.

9. On-site visit, South Carolina Technical College System, and interviews with SCTCS and state economic development staff, September 3, 2014.

10. Ivy Tech Community College. www.ivytech.edu/academics/apprentice ships.html.

11. Thornton, Jerry Sue. "The Power of Partnership: Regional Economic Impact through the Joint Apprenticeship Training Committee" (10-13). In *The Role of Community Colleges in Regional Economic Prosperity*. Ann M.Kress and Gerardo E.de los Santos, eds. Phoenix, AZ: The League for Innovation in the Community College, 2014.

12. College of Southern Nevada. www.csn.edu/pages/3683.asp.

13. The Electrical Training Alliance. www.njatc.org/training/credit.aspx.

14. California Fire Fighter Joint Apprenticeship Committee. www.cffjac.org/go/jac/about-jac/.

15. California Apprenticeship Coordinators Association. www.calapprent iceship.org/faqs.php#costs.

16. Gloucester County Workforce Investment Board. http://gloucester-local. civicasoft. com/depts/w/wib/about/committees/ap-pwd.asp.

17. State of California, Labor and Workforce Development Agency. www. cwib. ca. gov/res/docs/state_plans/Final%20Approved%20State%20Plan/Appendix%20N%20Joint%20Letter%20to%20LWIBs%20on%20RAPs.pdf.

18. Stieritz, Ann Marie. "Apprenticeship Carolina: Building a 21st Century Workforce through Statewide Collaboration." *Community College Journal of Research and Practice* 33 (2009): 980-982.

19. U.S. Department of Labor. "Investing in Apprenticeships." *The DOL Newsletter*, December 11, 2014.

20. NJPlace. www.njplace.com. State of New Jersey did not refund project; now redirects to www.rci.rutgers.edu/~njplace/.

第七章

1. Cantor, Jeffrey A. "Occupational Education, Economic Development, and the Role of the Community College." *Journal of Studies in Technical Careers* Ⅻ, no.4 (fall 1990): 313-326.

2. Thornton, Jerry Sue. "The Power of Partnership: Regional Economic Impact through the Joint Apprenticeship Training Committee" (10-13). In *The Role of Community Colleges in Regional Economic Prosperity*. Ann M.Kress and Gerardo E.de los Santos, eds. Phoenix, AZ: The League for Innovation in the Community

College, 2014.

3. Cantor, Jeffrey A. "Effective Advisory Committees: Strategies for Success." Invited presentation to the Fire and Emergency Services Higher Education Conference. Emmitsburg, MD: U. S. Fire Administration, National Fire Academy, June 2002 and June 2004.

4. Lerman, Robert, Lauren Eyster, and Kate Chambers. "The Benefits and Challenges of Registered Apprenticeship: The Sponsors' Perspective." Washington, DC: The Urban Institute, March 2009.

5. Electrical Training Alliance. www.njatc.org.

6. College Board. http://accuplacer.collegeboard.org/students.

7. Candidate Physical Ability Test. www.nipsta.org/cpat/.

8. Riverside Community College (CA). www.mvcsp.com/law/Testing%20%20Orientations/Physical%20Fitness%20Assessment.aspx.

9. Lerman, Eyster, and Chambers, *op.cit*.

10. American Council on Education. www.acenet.edu/higher-education/topics/Pages/Prior-Learning-Assessments.aspx.

11. National Occupational Competency Testing Institute. www.nocti.org.

12. Florida Department of Education, Division of Workforce Education. www.fldoe.org/workforce/dwdframe/law_cluster_frame14.asp.

13. National Center for Construction Education and Research. www.nccer.org/uploads/fileLibrary/C-IM%20Mechanic.pdf.

14. Electrical Training Alliance. http://nti.njatc.org/training.aspx.

15. Gonzalez, Jenifer. "Apprenticeship Programs Expand with Help of Community Colleges." *TECH Directions* 70, no.9 (April 2011): 31-33.

16. Ibid.

17. Central Piedmont Community College, Apprenticeship 2000. www.cpcc.edu/et/apprenticeships/new_appren.

18. Catawba Valley Community College. www.cvcc.edu/Workforce_Development/Apprenticeship_Catawba.cfm.

19. Stieritz, Ann Marie. "Apprenticeship Carolina: Building a 21st Century Workforce through Statewide Collaboration." *Community College Journal of Research and Practice* 33 (2009): 980-982.

20. Bates Technical College. www.bates.ctc.edu/apprenticeship.

21. South Seattle Community College. http://georgetown.southseattle.edu/AEC/aboutapprenticeships.aspx.

22. Newport News Shipbuilding Apprentice School. www.

as.edu.

第八章

1. Ayres, Sarah. "National Standards for Strong Apprenticeships." Washington, DC: Center for American Progress, December 2014.

2. Evans, Neil. "Information Technology Jobs and Skill Standards." Chapter 2 in *Technology Everywhere: A Campus Agenda for Educating and Managing Workers in the Digital Age*, Brian L. Hawkins, Julia A. Rudy, and William H. Wallace Jr., eds. Washington, DC: EDUCAUSE, 2002.

3. National Workforce Center for Emerging Technologies. www.tssb.org/sites/default/files/wwwpages/repos/pdfiles/NWCETSkillStandards03.pdf.

4. The National Skills Standards Project. http://www2.ed.gov/offices/OVAE/OccSkills/pubrev2.pdf.

5. U.S. Department of Labor, Employment, and Training Administration. http://wdr.doleta.gov/opr/fulltext/95-voluntary.pdf.

6. Lake Washington Technical College. www.tssb.org/sites/default/files/wwwpages/repos/pdfiles/gamecontent.pdf.

7. Jacoby, Tamar. "Vocational Education 2.0: Employers

Hold the Key to Better Career Training, Civic Report #83." New York: Manhattan Institute for Policy Research, November 2013.

8. National Center for Construction Education and Research. www.nccer.org/missionvision.

9. National Institute for Metalworking Skills, Inc. https://www.nims-skills.org/web/nims/home.

10. National Workforce Center for Technologies. www.tssb.org/sites/default/files/wwwpages/repos/pdfiles/NWCETSkillStandards03.pdf.

11. National Registry of Emergency Medical Technicians. https://www.nremt.org/nremt/about/nremt_history.asp.

12. UK Conservative Party. "Building Skills, Transforming Lives: A Training and Apprenticeships Revolution: Opportunity Agenda Policy Green Paper No.7." London, UK: UK Conservative Party, n.d.

13. Toronto Workforce Innovation Group. www.workforceinnovation.ca/sites/default/files/Sector%20Council%20Information%20for%20Employers.pdf.

14. Cantor, Jeffrey A. "Skills Certifications and Workforce Development: Partnering with Industry and Ourselves." *Leadership Abstracts* 15, no. 1 (January 2002). Phoenix, AZ: League for

Innovation in the Community College.

15. Jacoby, *op.cit*.

16. American Council on Education. www.acenet.edu/news-room/Pages/College-Credit-Recommendation-Service-CREDIT.aspx.

17. Thomas Edison State College. www. tesc. edu/partners/Organization-Training.cfm.

18. Charter Oak State College. www.charteroak.edu/prior-learning-assessment/.

19. NJPlace. www.njplace.com. Now redirects to http://ucc.rutgers.edu/nj-place.

20. As reported in *TIME* Magazine (June 2, 2014): 5.

第十章

1. www.advantageoakland.com/workforce/Pages/workJobTrainandEd.aspx.

2. www.cael.org.

3. www.learningcounts.org.

4. http://nocti.org.

5. www.nawb.org.

参考文献

American Council on Education. (n. d.) "National Guide to College Credit for Workforce Training." www.acenet.edu/news-room/Pages/National-Guide-to-College-Credit-for-Workforce-Training. aspx.

Attwell, Graham, and Felix Rauner. (1999). "Training and Development in Germany." *International Journal of Training and Development* 3, no. 3 (September): 227-233.

Ayres, Sarah. (December 2014). "National Standards for Strong Apprenticeships" (Washington, DC: Center for American Progress).

Bash, Homa. (April 7, 2014). "Biden Outlines New Apprenticeship Plan for Students." Medill News Service.

Buhler Group AG. (September 17, 2014). *Buhler Apprenticeship*

Training. Uzwil, Switzerland.

Buhler Group AG. (2014). *ClassUnlimited Project*. Uzwil, Switzerland.

Cantor, Jeffrey A. (2006). "Lifelong Learning and the Academy: The Changing Nature of Professional Continuing Education." *ASHE-ERIC Higher Education Report* 32, no. 2. San Francisco: Jossey-Bass Higher Education Series.

Cantor, Jeffrey A. (2002). "Skills Certifications and Workforce Development: Partnering with Industry and Ourselves." Phoenix AZ: League for Innovation in the Community College. *Leadership Abstracts* 15, no. 1 (January).

Cantor, Jeffrey A. (June 2002/June 2004). "Effective Advisory Committees: Strategies for Success." Invited paper presentation to the Fire and Emergency Services Higher Education Conference, U.S. Fire Administration, National Fire Academy, Emmitsburg, MD.

Cantor, Jeffrey A. (1997). *Cooperative Apprenticeships: A School-to-Work Handbook*. Lancaster, PA: Technomic Publishing Co.

Cantor, Jeffrey A. (1997). "Registered Pre-Apprenticeship: Successful Practices Linking School to Work." *Journal of Industrial Education* 34, no. 3: 35-58.

Cantor, Jeffrey A. (1995). "Apprenticeships Link Community-Technical Colleges and Business and Industry for Workforce Training." *Community College Journal of Research and Practice* 19: 47-71.

Cantor, Jeffrey A. (1993). *Apprenticeship and Community Colleges—Collaborations for Tomorrow's Workforce*. Lanham, MD: University Press of America.

Cantor, Jeffrey A. (1992). "Apprenticeships, Business and Organized Labor, and Community Colleges: Emerging Partnerships." *Journal of Studies in Technical Careers* XIV, no. 2: 97-114.

Cantor, Jeffrey A. (1990). "Occupational Education, Economic Development, and the Role of the Community College." *Journal of Studies in Technical Careers* XII, no. 4 (fall): 313-326.

Cantor, Jeffrey A., "Job Training and Economic Development Initiatives: A Study of Potentially Useful Companions." *Educational Evaluation and Policy Analysis*, 12 no. 2 (summer 1990): 121-138.

Carlton, Jim, and Caroline Porter. (2013). "On a Mission to Save a School: Special Trustee Is Charged with Rescuing One of the Nation's Largest Community Colleges." *The Wall Street Journal*, November 12, p. A3.

Cuyahoga Community College. (June 11, 2014). *Construction Apprenticeship Brochure*. http://tri-c.edu/workforce/Construction/

Documents/Apprentice_WEB. pdf.

Dif, M'Hamed. (2013). *Toward a Model Apprenticeship Framework: A Comparative Analysis of National Apprenticeship Systems*. New Delhi, India: International Labor Organization, The World Bank.

Easton, Nina. (2014). Cool Kids Rule! (and They May Save Detroit). *Fortune*, June 30, p. 60.

European Commission, Directorate General for Employment, Social Affairs and Inclusion, Unit C-3. (January 2012). *Apprenticeship Supply in the Member States of the European Union: Executive Summary*. Brussels, Belgium: European Union.

Evans, Neil. (2002). *Technology Everywhere: A Campus Agenda for Educating and Managing Workers in the Digital Age*; chapter 2, "Information Technology Jobs and Skill Standards." San Francisco: Jossey-Bass.

Fuller, Alison, and Lorna Unwin. (2012). "What's the Point of Adult Apprenticeships?" *Adult Learning* (spring): 8-14.

Fuller, Allison, and Lorna Unwin. (2012). "The Great Skills Debate." *Training Journal. com* (August): 12-14.

Gonzalez, Jenifer. (2011). "Apprenticeship Programs Expand with Help of Community Colleges." *TECH Directions* 70, no. 9

(April): 31-33.

Holzer, Harry J., and Robert I. Lerman. "The Future of Middle-Skill Jobs." *CCF Brief* #41 (2009). Washington, DC: Brookings Institution.

International Labor Organization and the World Bank. (2013). *Towards a Model Apprenticeship Framework: A Comparative Analysis of National Apprenticeship Systems*. Bangkok, Thailand: The World Bank.

INNSSO (UK) Ltd. (2013). *21st Century Apprenticeships: Comparative Review of Apprenticeships in Australia, Canada, Ireland, and the United States, with Reference to the Richard Review of Apprenticeships and Implementation in England.* London: Federation for Industry Sector Skills and Standards.

Jacoby, Tamar. (November 2013). Civic Report #8: "Vocational Education 2.0: Employers Hold the Key to Better Career Training." New York: Manhattan Institute for Policy Research.

Lerman, Robert I., and Hillard Pouncy. (March 1990). "Why America Should Develop a Youth Apprenticeship System—Policy Report No. 5." Washington, DC: Progressive Policy Institute.

Lerman, Robert I. (2009). "Training Tomorrow's Workforce: Community Colleges and Apprenticeship as Collaborative Routes to

Rewarding Careers." Washington, DC: Center for American Progress.

Lerman, Robert, Lauren Eyster, and Kate Chambers. "The Benefits and Challenges of Registered Apprenticeship: The Sponsors' Perspective." (March 2009): Washington, DC: The Urban Institute.

Lerman, Robert I. (2010). "Apprenticeship in the United States." Chapter 11 in *Rediscovering Apprenticeship: Research Findings of the International Network on Innovative Apprenticeship*, eds. Felix Rauner and Erica Smith. Heidelburg, Germany: Springer Publications.

Nyhan, Barry. (2010). "Creating the Social Foundation for Apprenticeship in Ireland." Chapter 5 in *Rediscovering Apprenticeship: Research Findings of the International Network on Innovative Apprenticeship*, eds. Felix Rauner and Erica Smith. Heidelburg, Germany: Springer Publications.

Olinsky, Ben, and Sarah Ayres. (December 2013). "Training for Success: A Policy to Expand Apprenticeships in the United States." Washington, DC: Center for American Progress.

Ryan, Paul, and Lorna Unwin. (2001). "Apprenticeship in the British 'Training Market.'" *National Institute Economic Review*.

London, England: National Institute of Economic and Social Research.

Saniter, Andreas, and Ludger Deitmer. (2013). *Toward a Model Apprenticeship Framework: A Comparative Analysis of National Apprenticeship Systems.* New Delhi, India: International Labor Organization and the World Bank.

South Carolina Chamber of Commerce. (July 2003). *Apprenticeships in South Carolina: Baseline Report and Recommendations.* Columbia, SC.

Steedman, Hillary. (November 2012). "Overview of Apprenticeship Systems and Issues: ILO Contribution to the G20 Task Force on Employment." Geneva, Switzerland: International Labor Organization.

Stieritz, Ann Marie. (2009). "Apprenticeship Carolina: Building a 21st Century Workforce Through Statewide Collaboration." *Community College Journal of Research and Practice* 33: 980-982.

Swiss Confederation, Federal Department of Economic Affairs. (2013). *Vocational and Professional Education and Training in Switzerland.* Bern, Switzerland.

Swiss Confederation, Federal Department of Economic Affairs. (2012). *Entering the Labour Market: Report on Measures to Ease the Transition to Upper-Secondary Level.* Bern, Switzerland.

Thornton, Jerry Sue. (2014). "The Power of Partnership: Regional Economic Impact through the Joint Apprenticeship Training Committee" (pp. 10-13). In *The Role of Community Colleges in Regional Economic Prosperity*, eds. Ann M. Kress and Gerardo E.de los Santos.Phoenix, AZ: The League for Innovation in the Community College.

UK Conservative Party. (n. d.) "Building Skills, Transforming Lives: A Training and Apprenticeships Revolution." *Opportunity Agenda Policy Green Paper No*. 7. London.

U. S. Department of Labor, Employment and Training Administration, Office of Apprenticeship. "Available Occupations." www. doleta. gov/OA/occupations. cfm.

U. S. Department of Labor, Employment and Training Administration, Office of Apprenticeship. "Pre-Apprenticeship Brochure." www. doleta. gov/OA/preapprentice. cfm.

The World Bank. (2013). "Toward a Model Apprenticeship Framework: A Comparative Analysis of National Apprenticeship Systems." New Delhi, India: International Labor Organization.